Carambola tre sponde: Modelli di tavoli interessanti e insoliti

Dai tornei di campionato professionale

Mettiti alla prova contro i giocatori professionisti

Allan P. Sand
PBIA Istruttore di biliardo certificate

ISBN 978-1-62505-311-4
PRINT 7x10

First edition

Published by Billiard Gods Productions.
Santa Clara, CA 95051
U.S.A.

For the latest information about books and videos, go to: http://www.billiardgods.com

Acknowledgements

Wei Chao created the software that was used to create these graphics.

Sommario

Introduzione ... 1
Informazioni sui layout della tabella ... 1
Istruzioni per la configurazione della tabella ... 2
Scopo dei layout ... 2
A: Prima il sponde ... 3
A: Gruppo 1 ... 3
A: Gruppo 2 ... 8
A: Gruppo 3 ... 13
A: Gruppo 4 ... 18
B: Su e giù per il lato ... 23
B: Gruppo 1 ... 23
B: Gruppo 2 ... 28
B: Gruppo 3 ... 33
B: Gruppo 4 ... 38
C: Zigging e zagging ... 43
C: Gruppo 1 ... 43
C: Gruppo 2 ... 48
D: Un sacco di sponde extra ... 53
D: Gruppo 1 ... 53
D: Gruppo 2 ... 58
D: Gruppo 3 ... 63
D: Gruppo 4 ... 68
E: Percorsi paralleli ... 73
E: Gruppo 1 ... 73
E: Gruppo 2 ... 78
F: Divertente e interessante ... 83
F: Gruppo 1 ... 83
F: Gruppo 2 ... 88

Other books by the author ...

3 Cushion Billiards Championship Shots (a series)

Carom Billiards: Some Riddles & Puzzles

Carom Billiards: MORE Riddles & Puzzles

Why Pool Hustlers Win

Table Map Library

Safety Toolbox

Cue Ball Control Cheat Sheets

Advanced Cue Ball Control Self-Testing Program

Drills & Exercises for Pool & Pocket Billiards

The Art of War versus The Art of Pool

The Psychology of Losing – Tricks, Traps & Sharks

The Art of Team Coaching

The Art of Personal Competition

The Art of Politics & Campaigning

The Art of Marketing & Promotion

Kitchen God's Guide for Single Guys

Introduzione

Questo è uno di una serie di libri di carambola 3 sponde che mostrano come i giocatori professionisti prendono decisioni, in base alla disposizione della tabella. Tutti questi layout provengono da competizioni internazionali.

Questi layout ti mettono dentro la testa del giocatore, cominciando dalle posizioni delle palle (mostrate nella prima tabella). La seconda tabella mostra ciò che il giocatore ha deciso di fare.

Informazioni sui layout della tabella

Queste sono le tre palle sul tavolo:

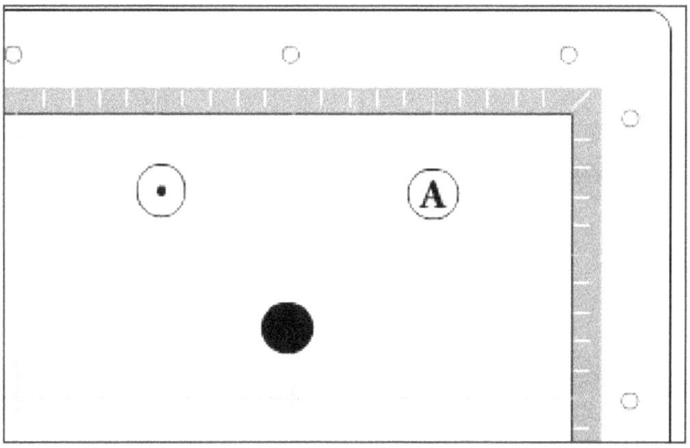

 (CB) (la tua palla da biliardo)

 (OB) (palla da biliardo dell'avversario)

 (OB) (palla da biliardo rossa)

Ogni configurazione ha due layout di tabella. La prima tabella è la posizione della palla. Il secondo tavolo è come le palle si muovono sul tavolo.

Istruzioni per la configurazione della tabella

Utilizzare anelli di rilegatura in carta per contrassegnare le posizioni della palla (acquistare presso qualsiasi negozio di forniture per ufficio).

Metti una moneta su ciascun cuscino del tavolo che la (CB) toccherà.

Confronta il tuo percorso (CB) con la configurazione della seconda tabella. Per imparare, potresti aver bisogno di diversi tentativi. Dopo ogni errore, effettuare la regolazione e riprovare finché non si ha successo.

Scopo dei layout

Questi layout sono forniti per due scopi.

- La tua analisi - A casa, puoi considerare come riprodurre la configurazione sul primo tavolo. Confronta le tue idee con il modello attuale sul secondo tavolo. Pensa alla tua soluzione e considera le opzioni. Dalla seconda tabella, puoi anche analizzare come seguire il modello. Mentalmente fai lo sparo e decidi come puoi avere successo.
- Esercitare la configurazione del tavolo - Posizionare le sfere in posizione, in base alla configurazione della prima tabella. Prova a scattare allo stesso modo del secondo modello di tavolo. Potresti aver bisogno di molti tentativi prima di trovare il modo corretto di giocare. È così che puoi imparare e giocare questi colpi durante le competizioni e i tornei.

La combinazione di analisi mentale e pratica pratica ti renderà un giocatore più intelligente.

A: Prima il sponde

Queste sono configurazioni interessanti. Il (CB) prima entra in un sponde e poi completa il punteggio con una circostanza insolita.

(A) (CB) (la tua palla) - (•) (OB) (palla dell'avversario) - ● (OB) (palla rossa)

A: Gruppo 1

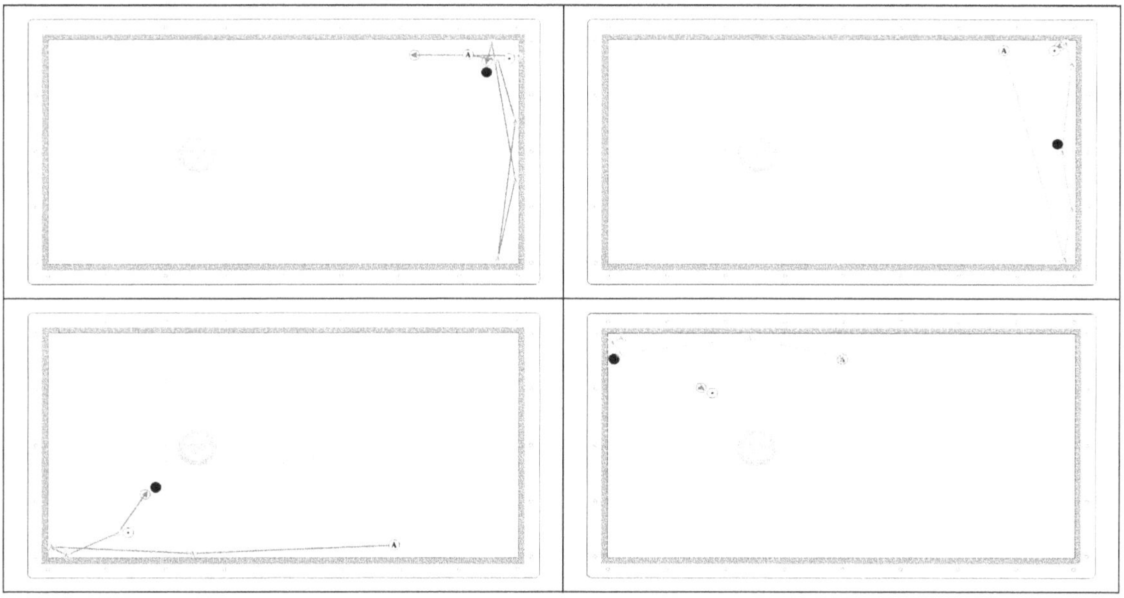

Analisi:

A:1a. ______________________________

A:1b. ______________________________

A:1c. ______________________________

A:1d. ______________________________

A:1a – Setup

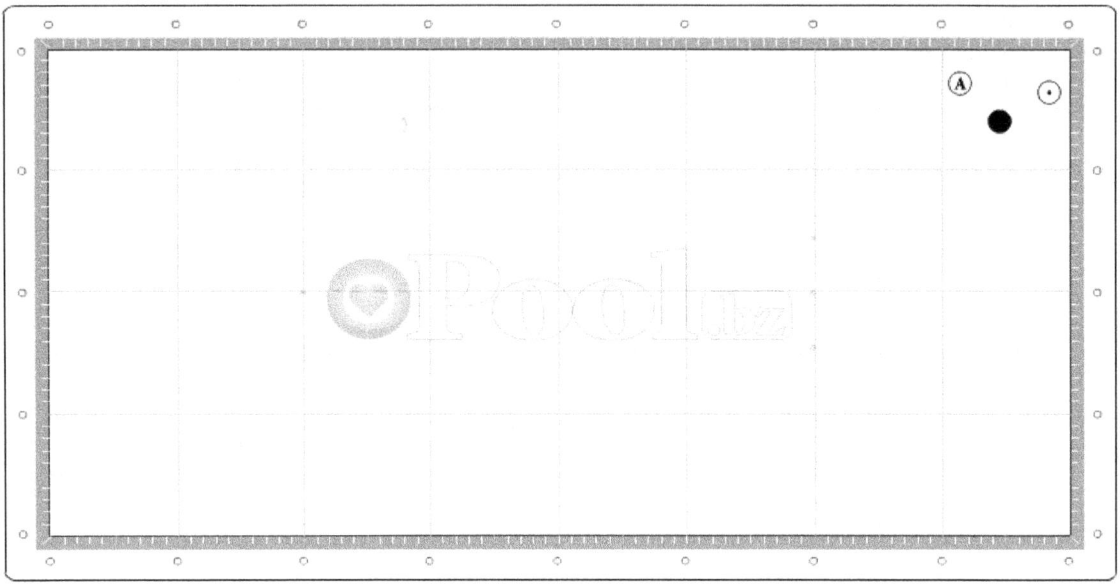

Note e idee:

Modello di colpo

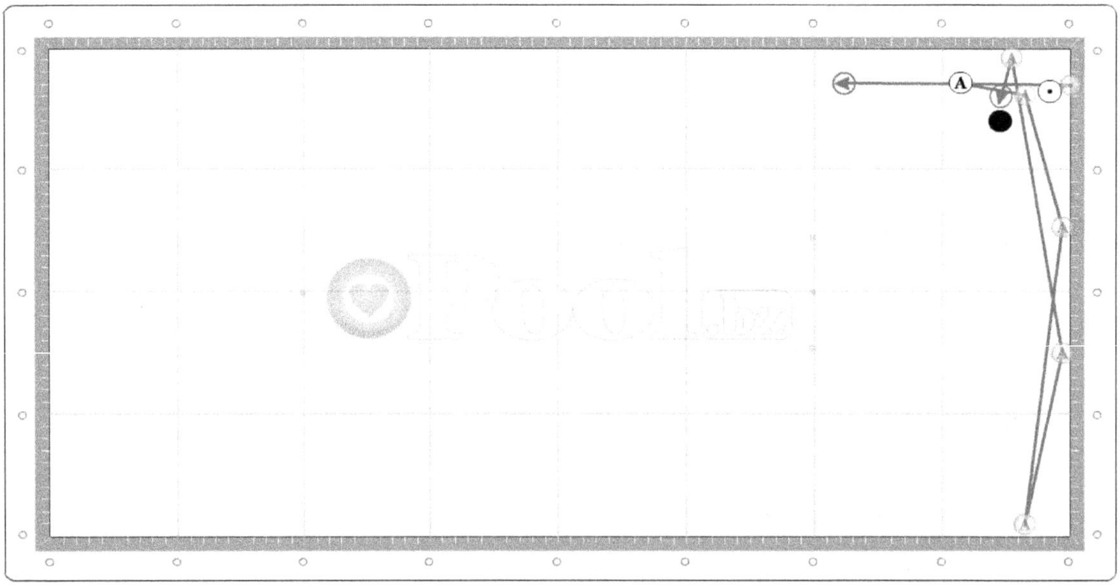

A:1b – Setup

Note e idee:

Modello di colpo

A:1c – Setup

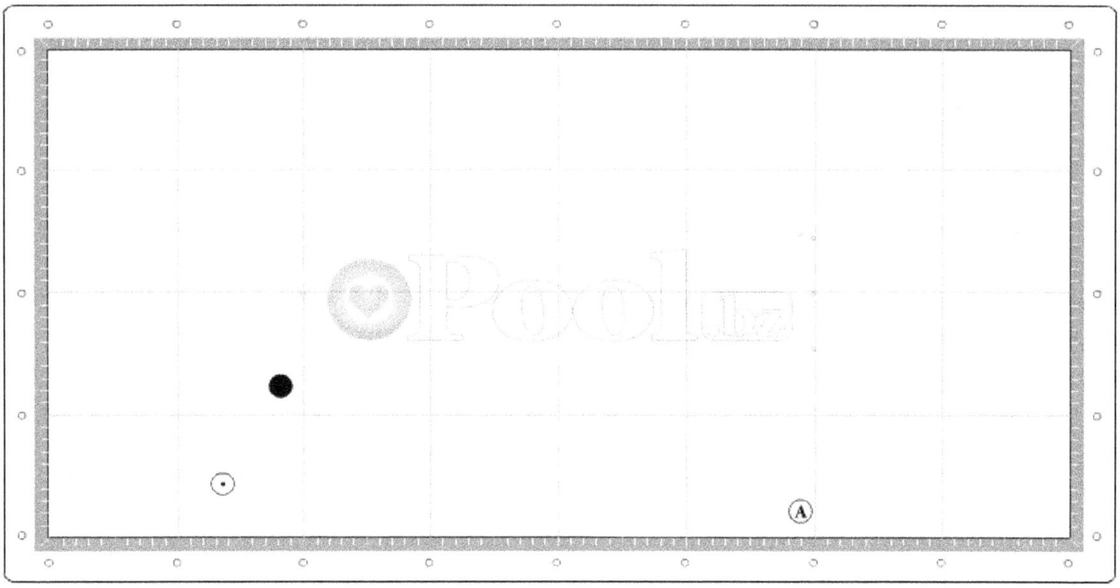

Note e idee:

Modello di colpo

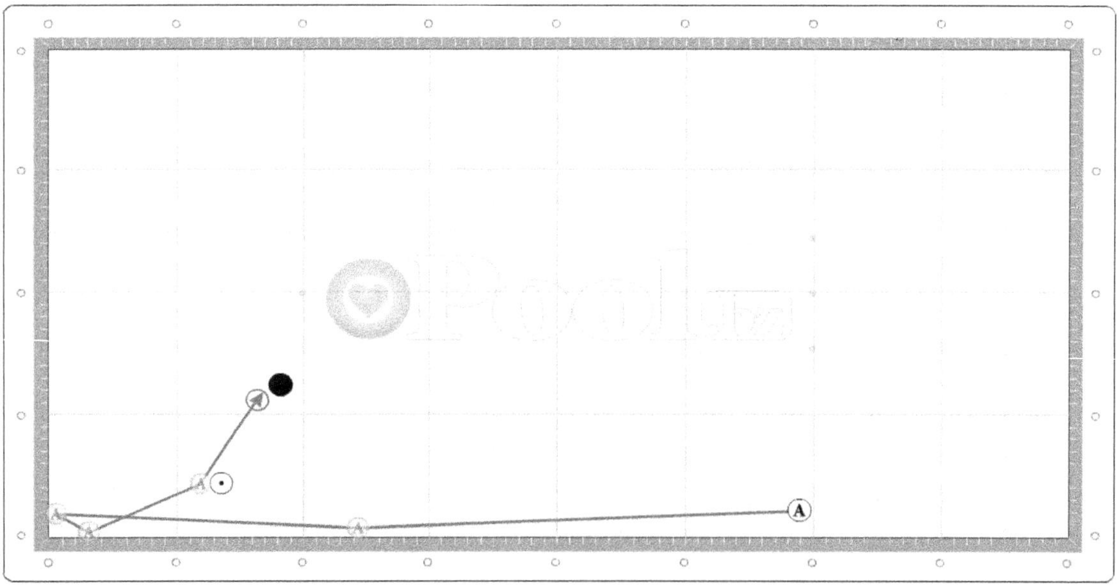

A:1d – Setup

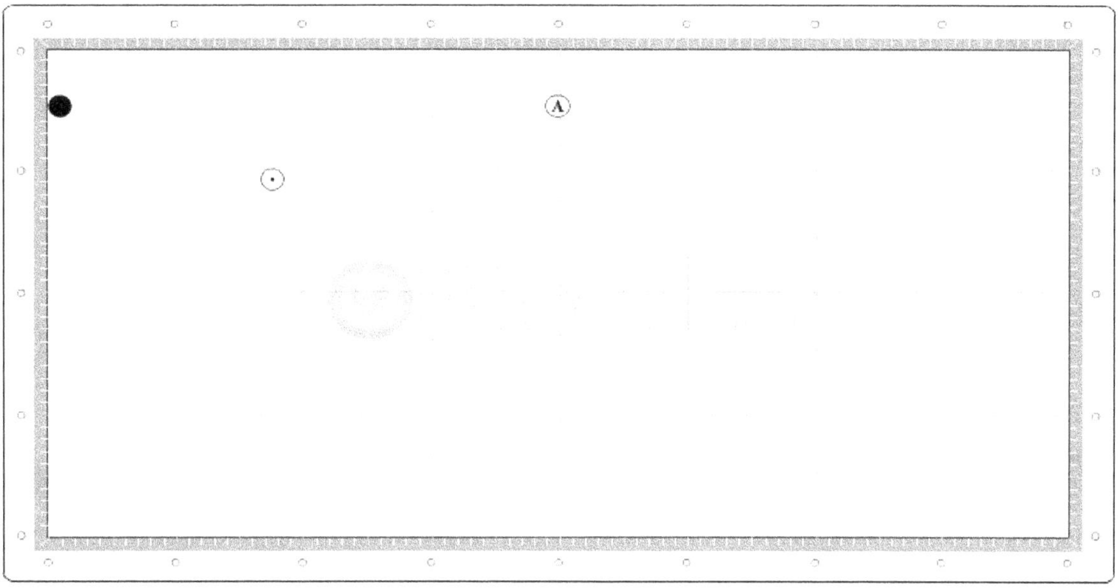

Note e idee:

Modello di colpo

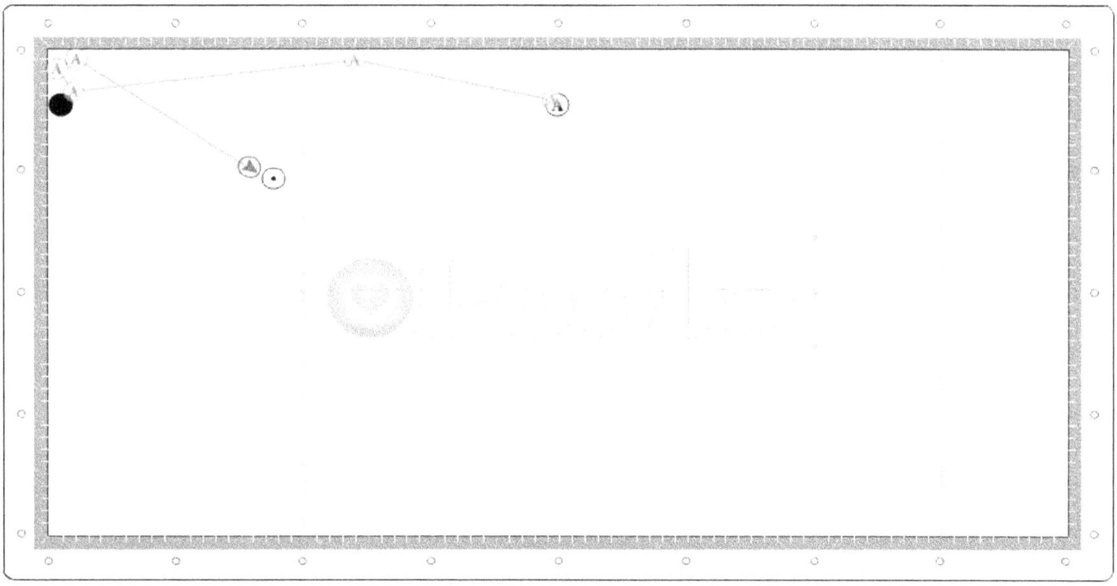

A: Gruppo 2

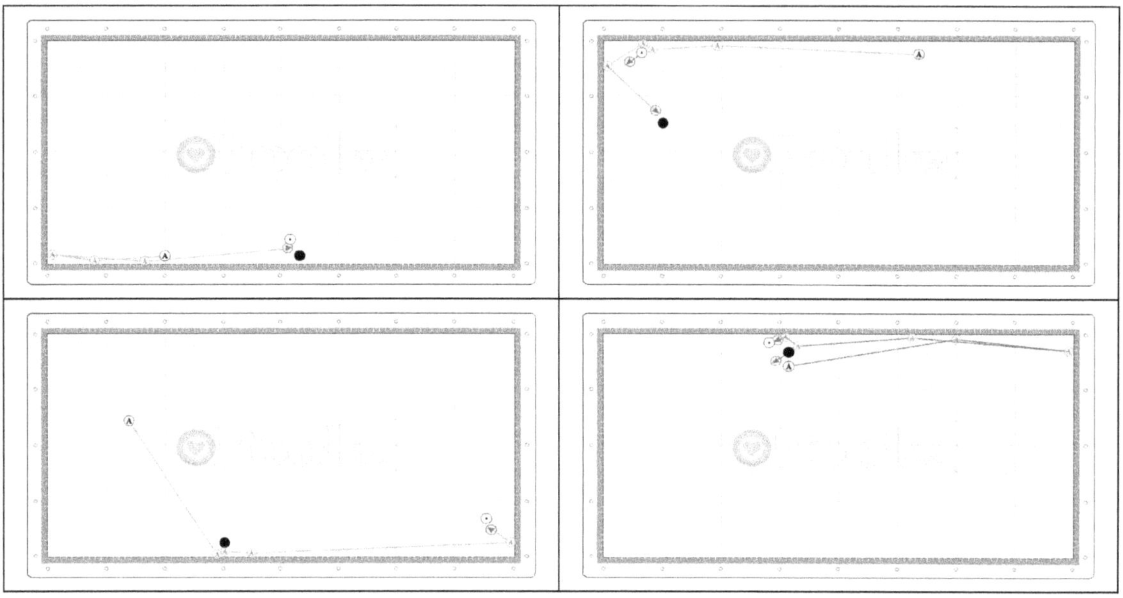

Analisi:

A:2a. ______________________________

A:2b. ______________________________

A:2c. ______________________________

A:2d. ______________________________

A:2a – Setup

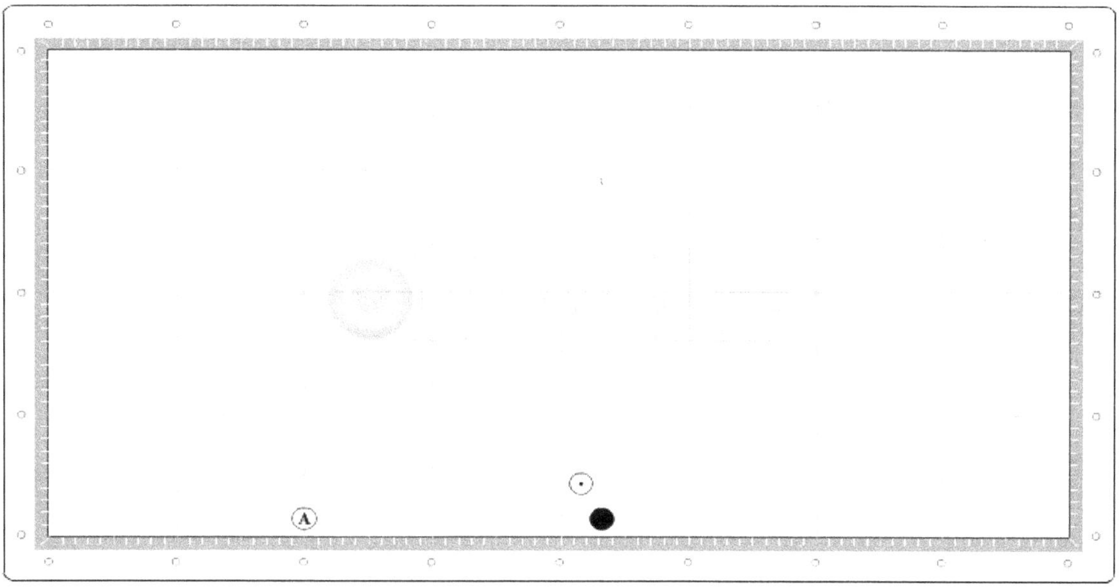

Note e idee:

Modello di colpo

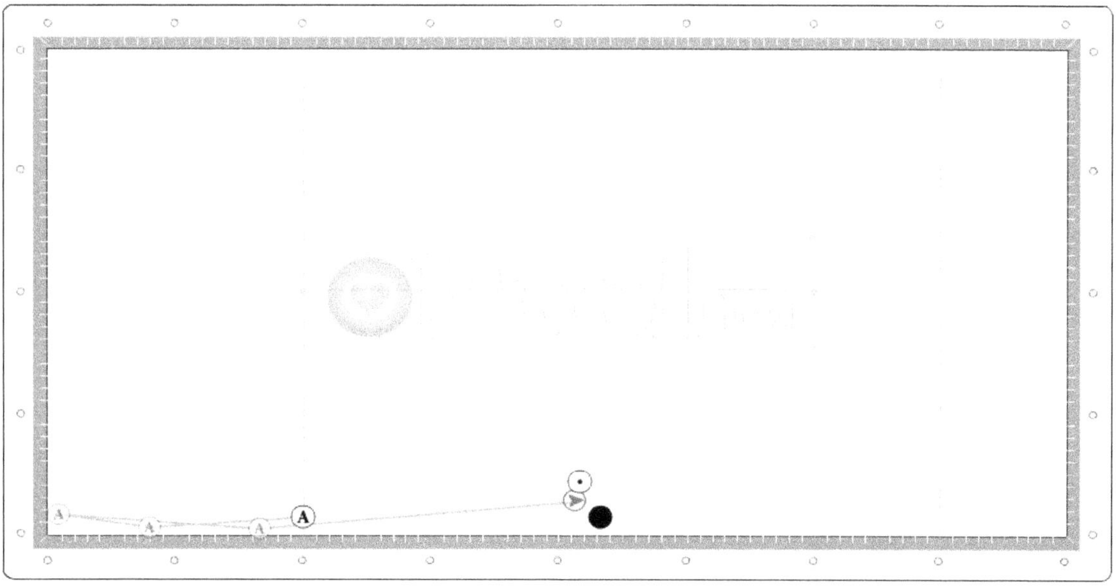

A:2b – Setup

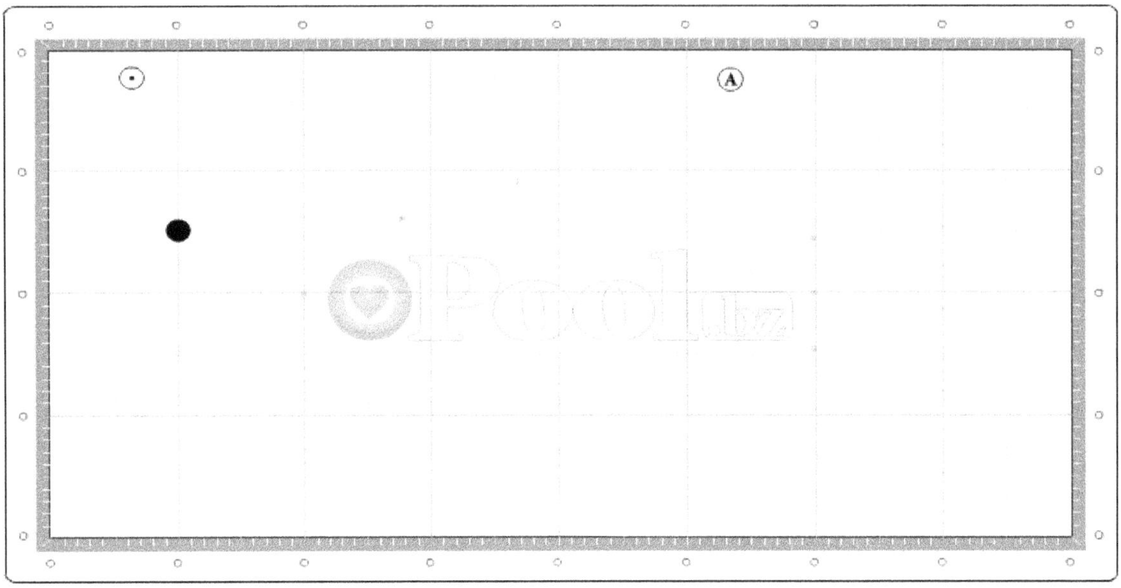

Note e idee:

Modello di colpo

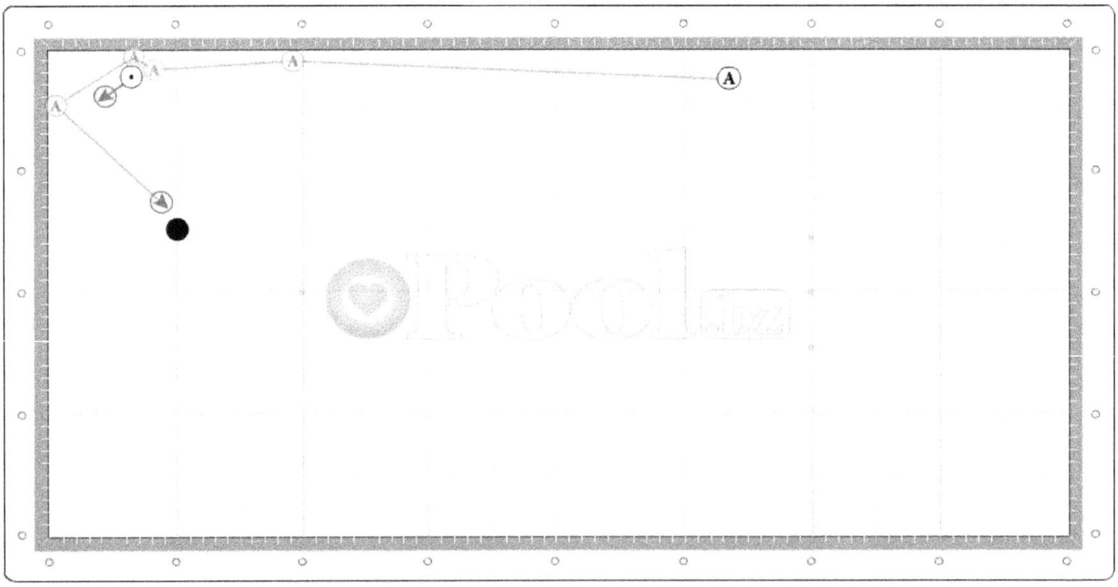

A:2c – Setup

Note e idee:

Modello di colpo

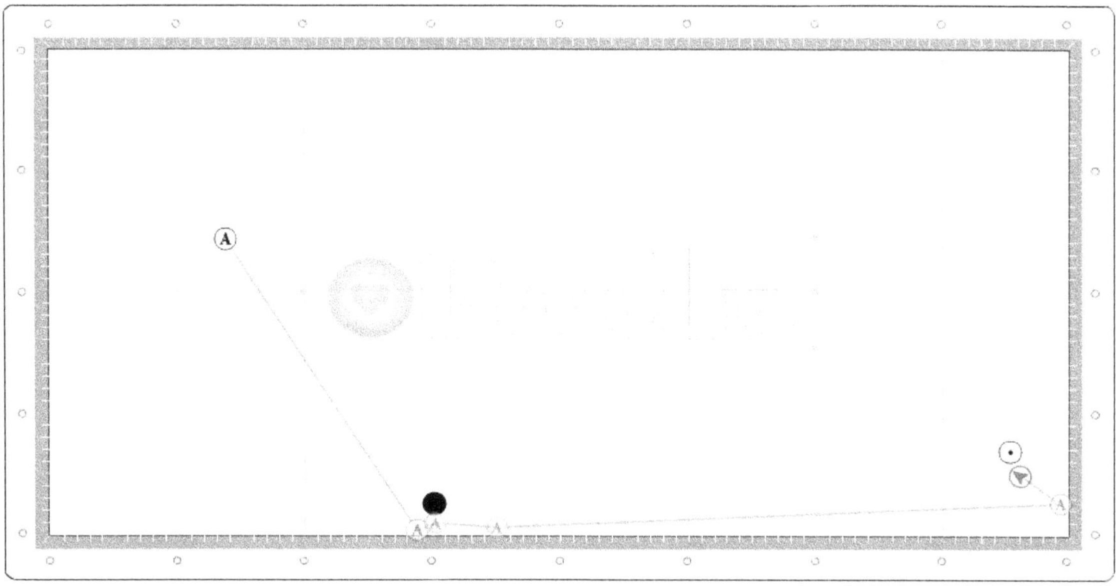

A:2d – Setup

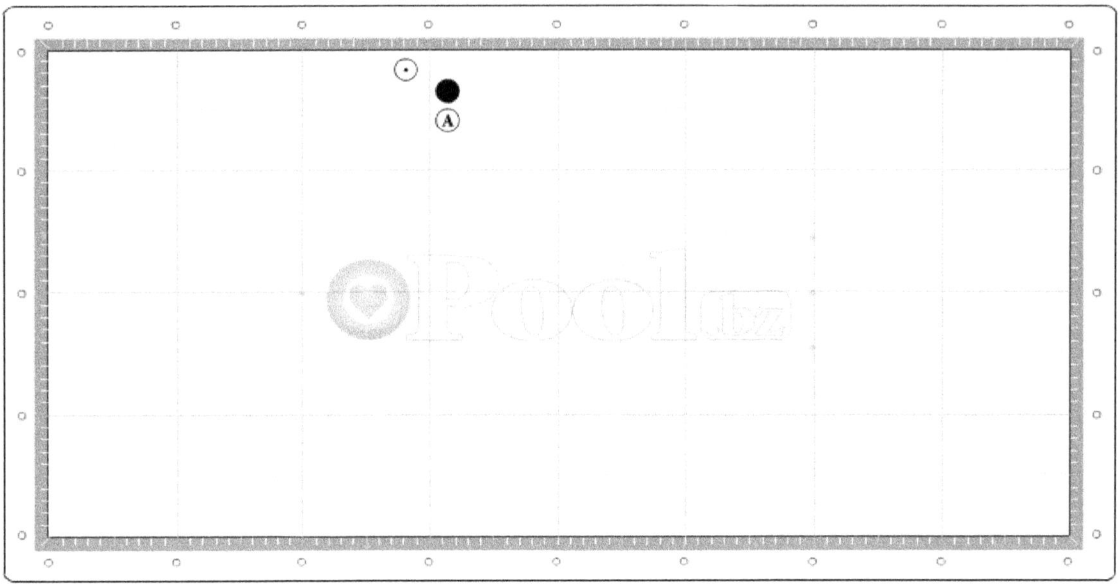

Note e idee:

Modello di colpo

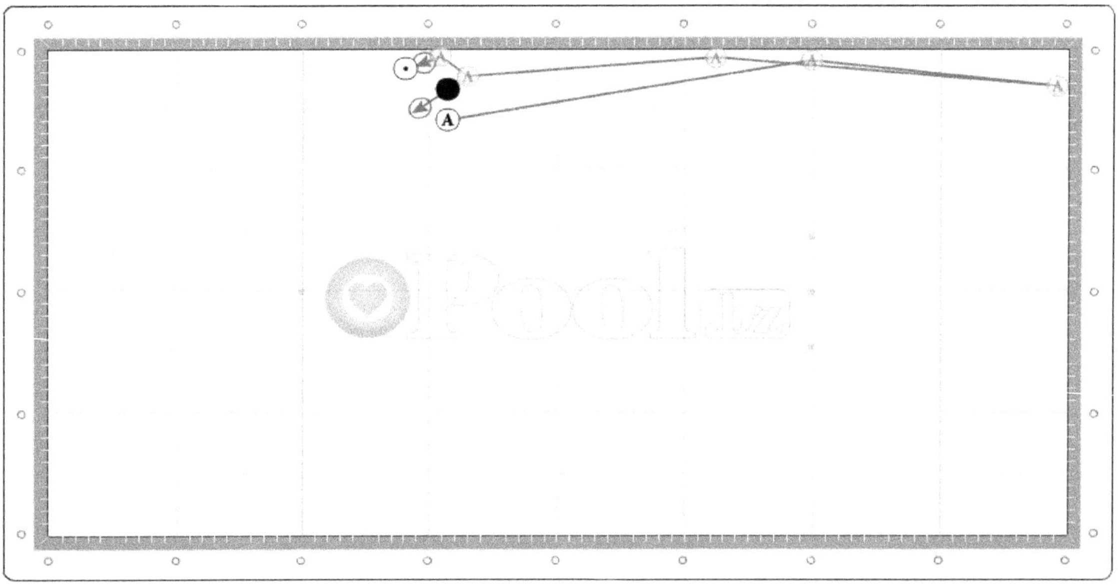

A: Gruppo 3

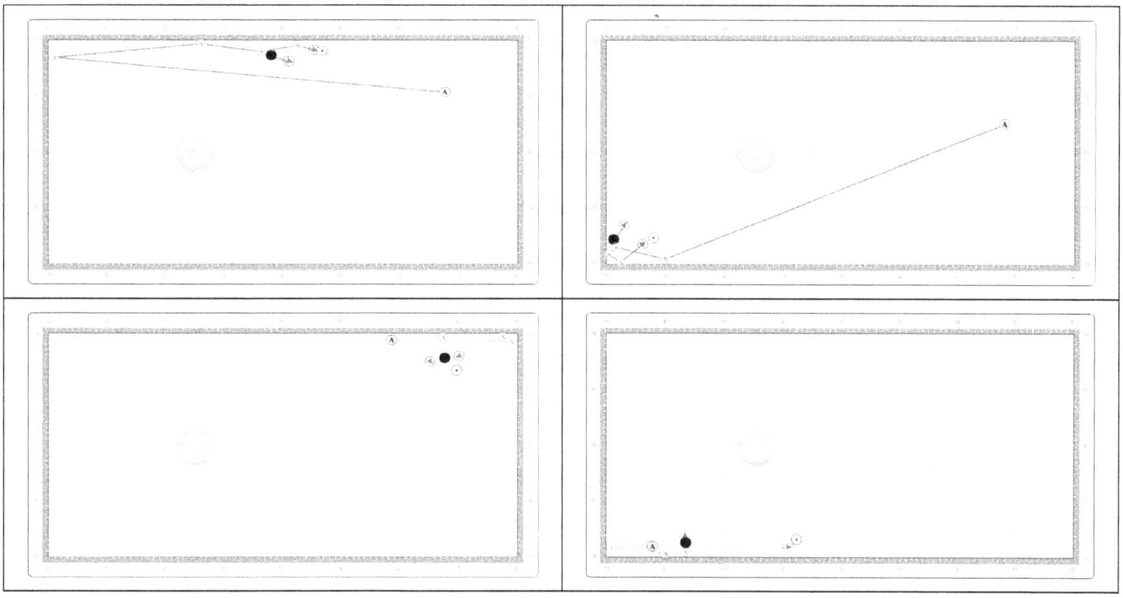

Analisi:

A:3a. ____

A:3b. ____

A:3c. ____

A:3d. ____

A:3a – Setup

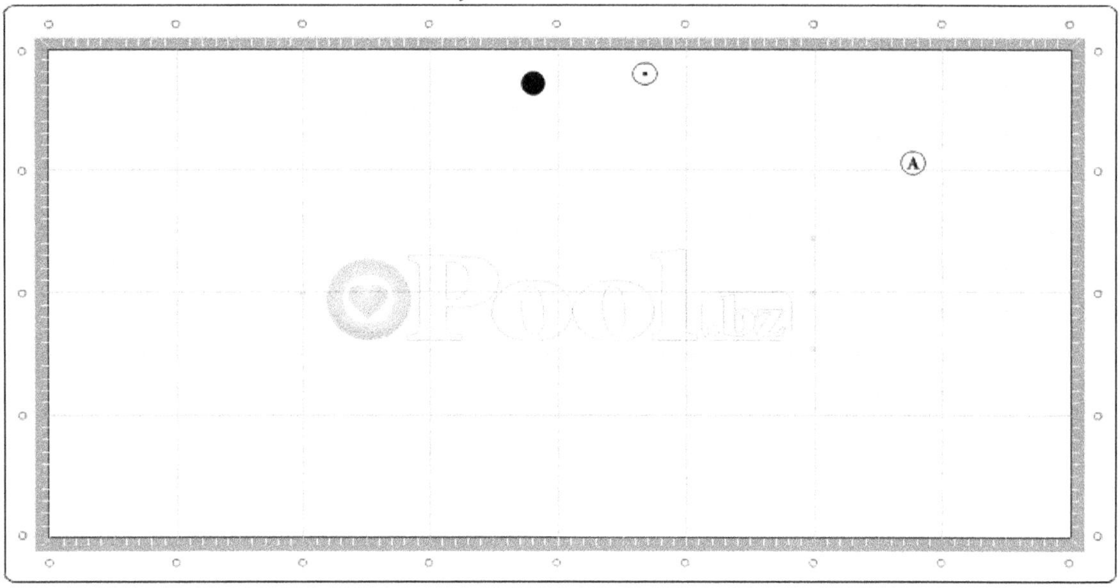

Note e idee:

Modello di colpo

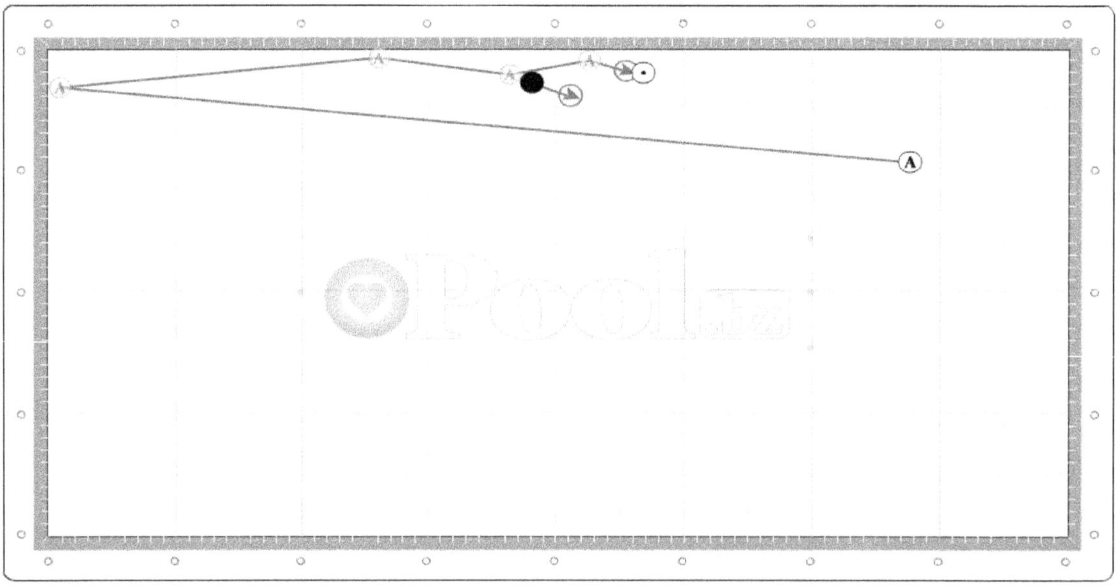

A:3b – Setup

Note e idee:

Modello di colpo

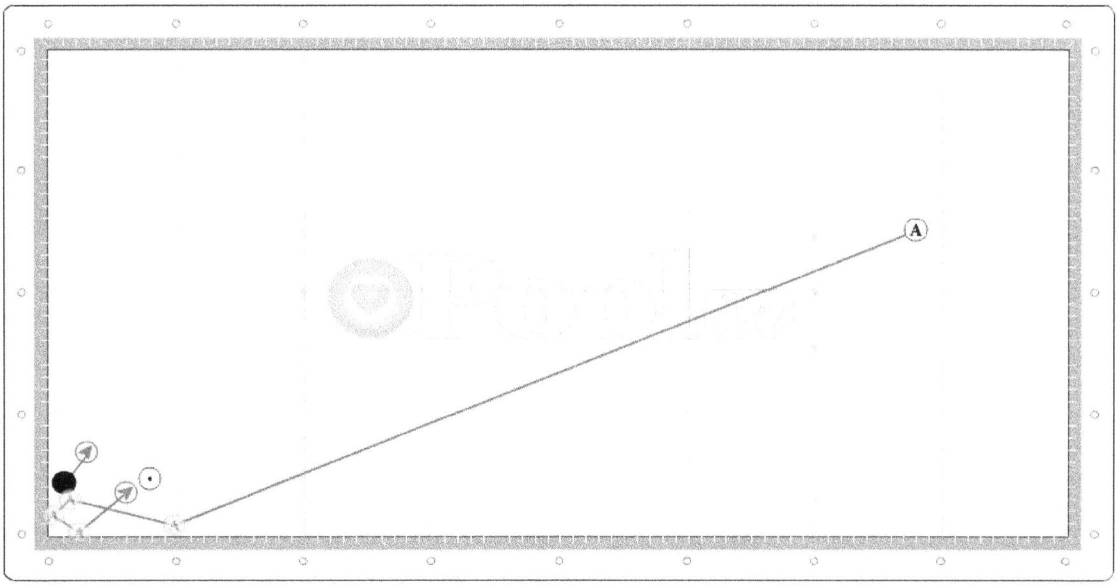

A:3c – Setup

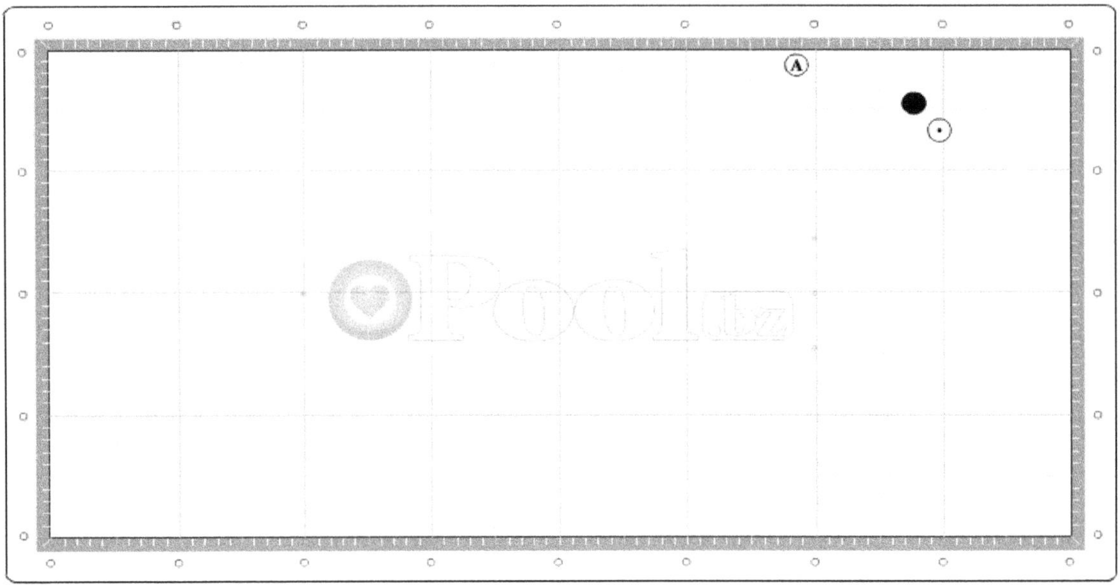

Note e idee:

Modello di colpo

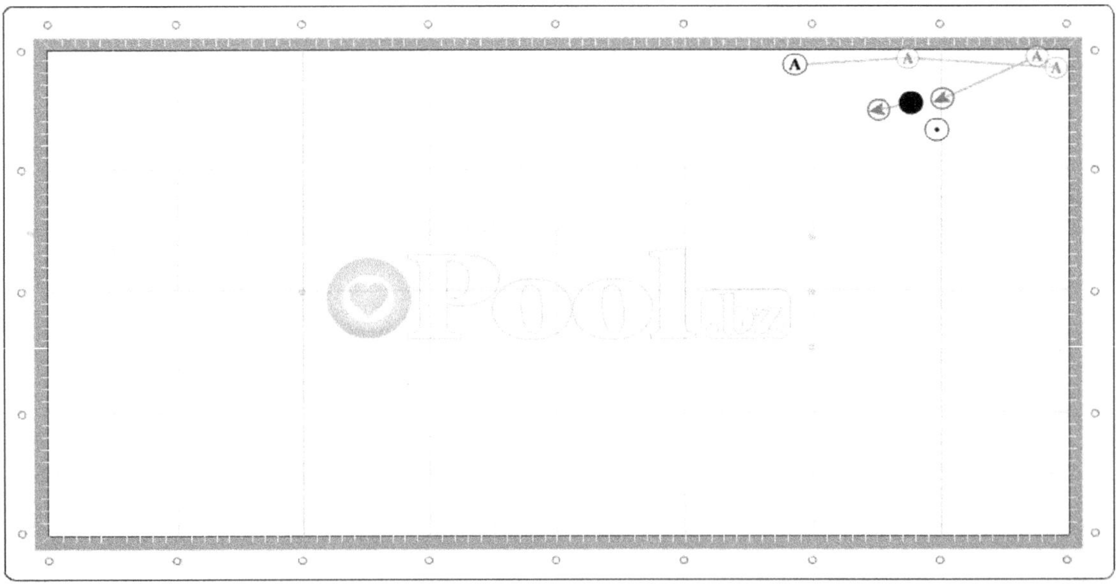

A:3d – Setup

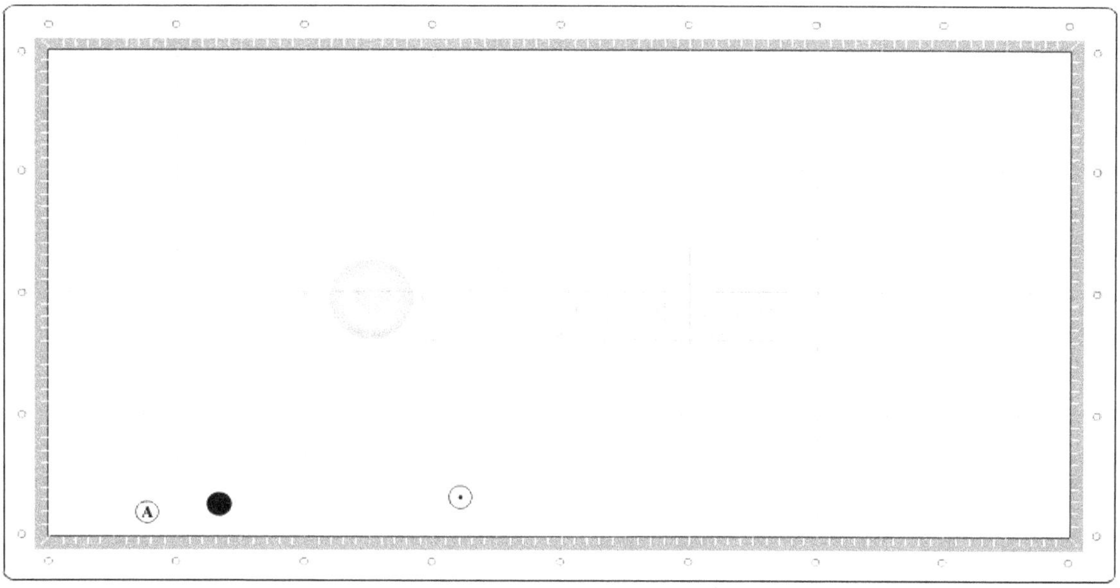

Note e idee:

Modello di colpo

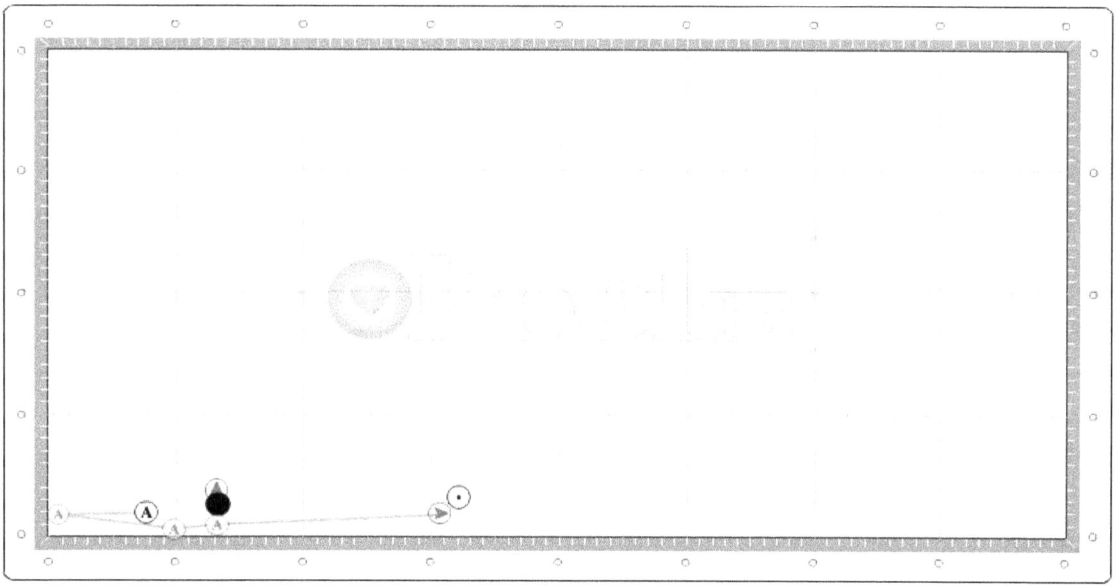

A: Gruppo 4

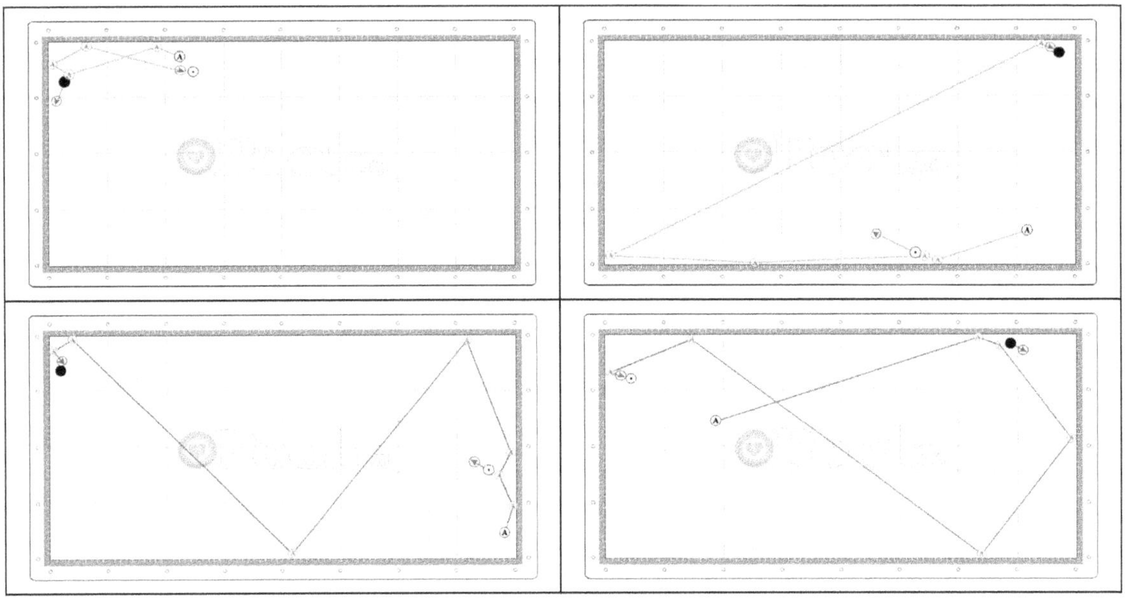

Analisi:

A:4a. ____

A:4b. ____

A:4c. ____

A:4d. ____

A:4a – Setup

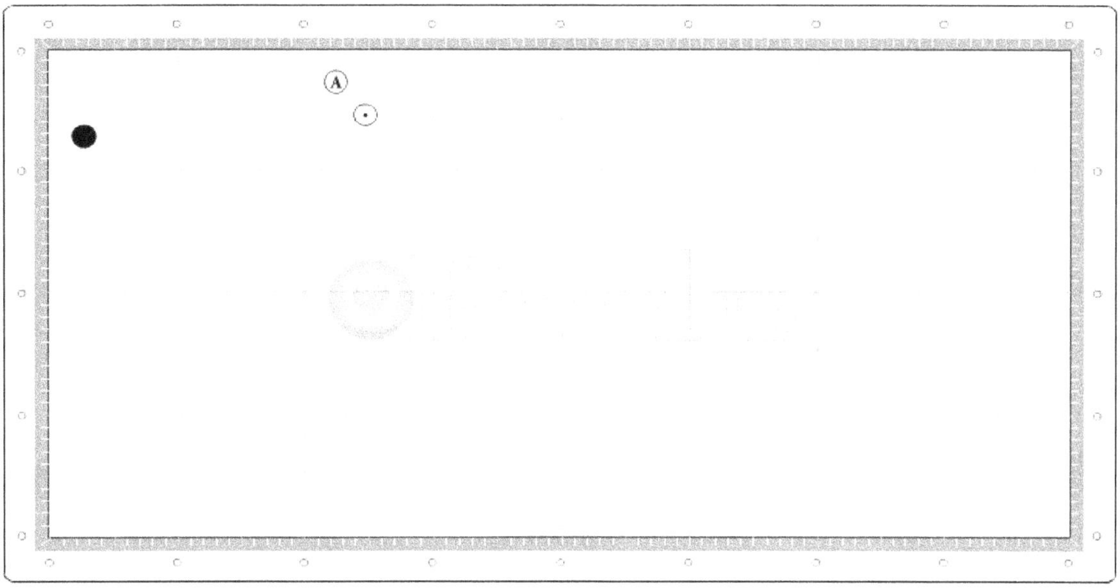

Note e idee:

Modello di colpo

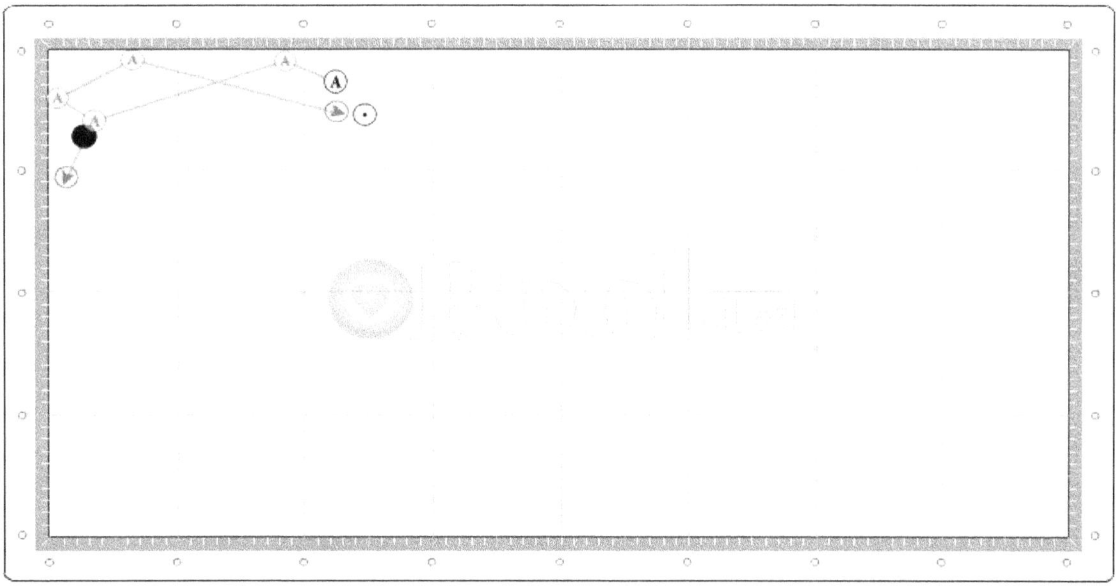

A:4b – Setup

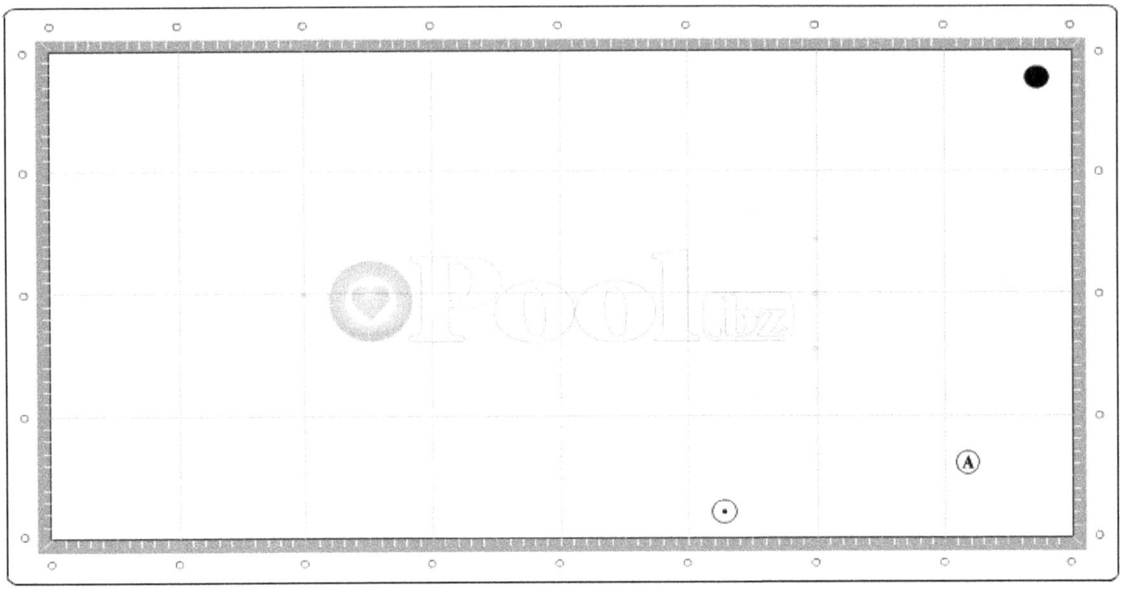

Note e idee:

Modello di colpo

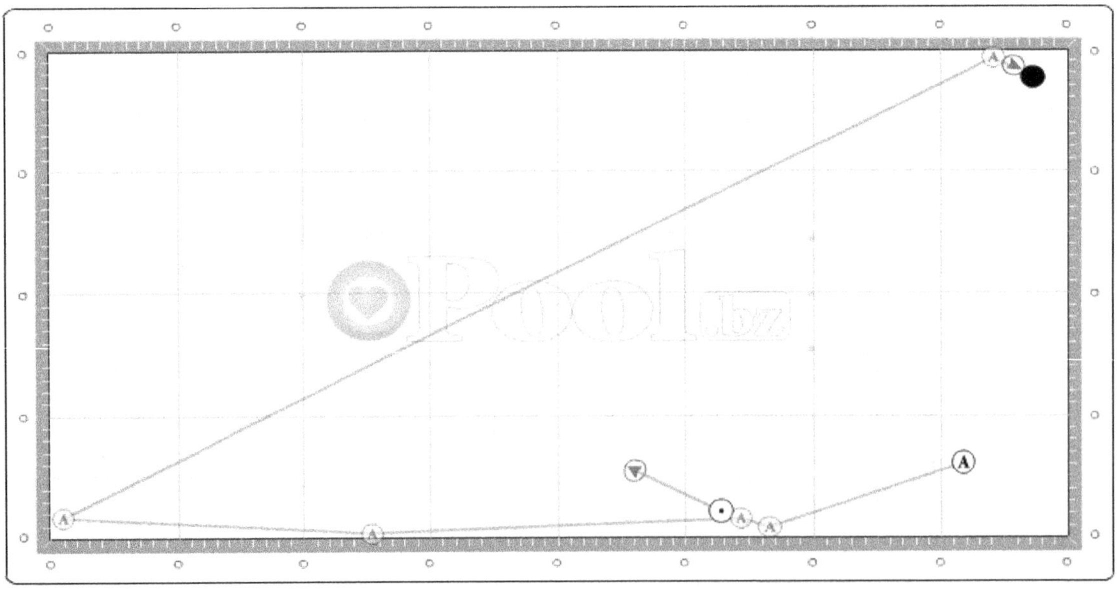

A:4c – Setup

Note e idee:

Modello di colpo

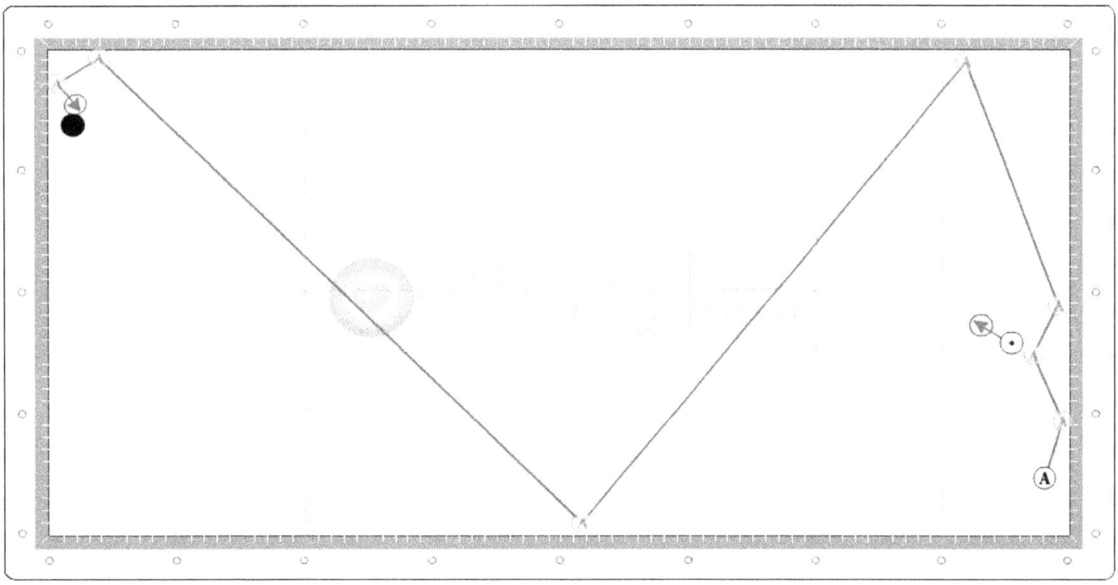

A:4d – Setup

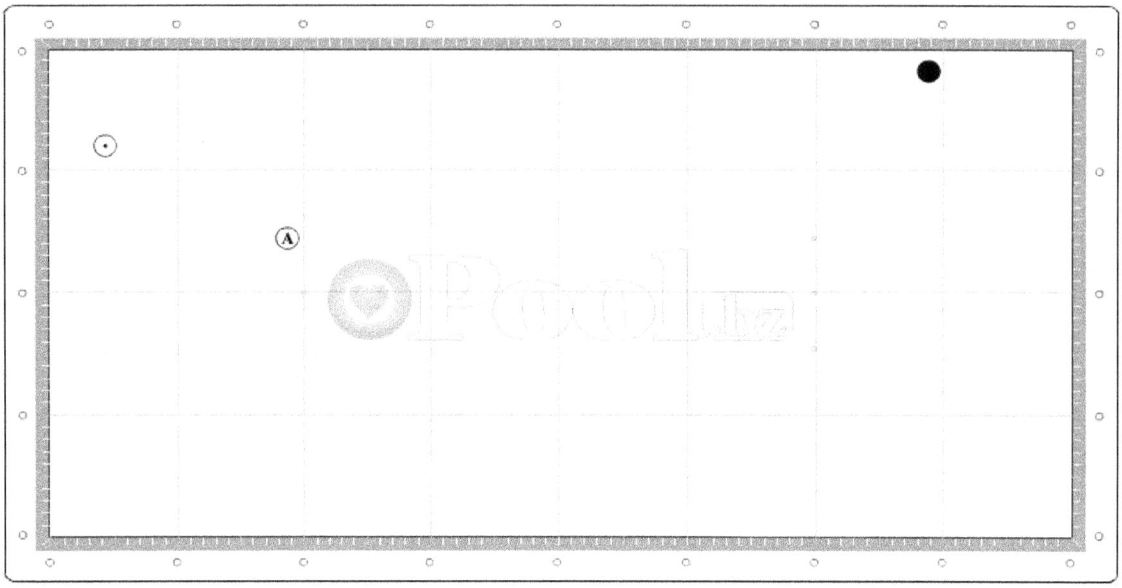

Note e idee:

Modello di colpo

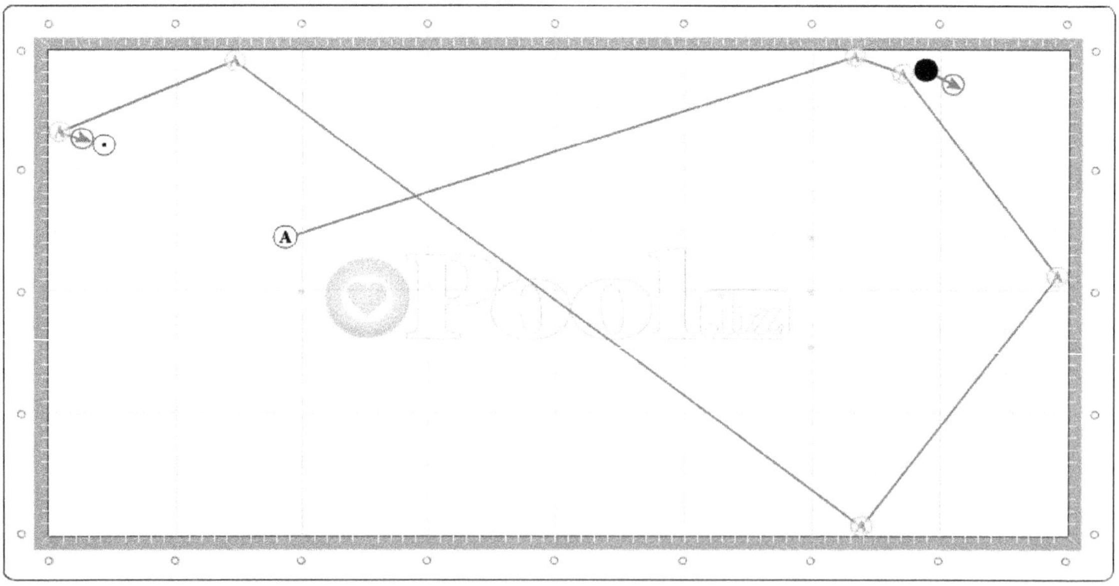

B: Su e giù per il lato

Il (CB) utilizza la rotazione laterale per rendere tutti i contatti del sponde lungo un sponde.

Ⓐ (CB) (la tua palla) - ⊙ (OB) (palla dell'avversario) - ● (OB) (palla rossa)

B: Gruppo 1

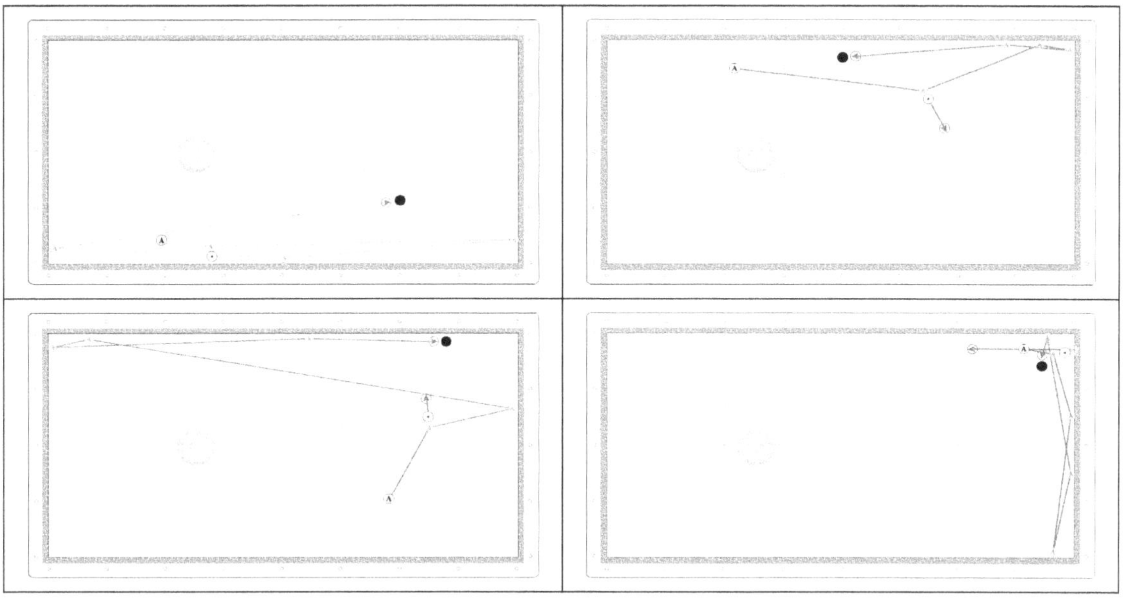

Analisi:

B:1a. ______________________________

B:1b. ______________________________

B:1c. ______________________________

B:1d. ______________________________

B:1a – Setup

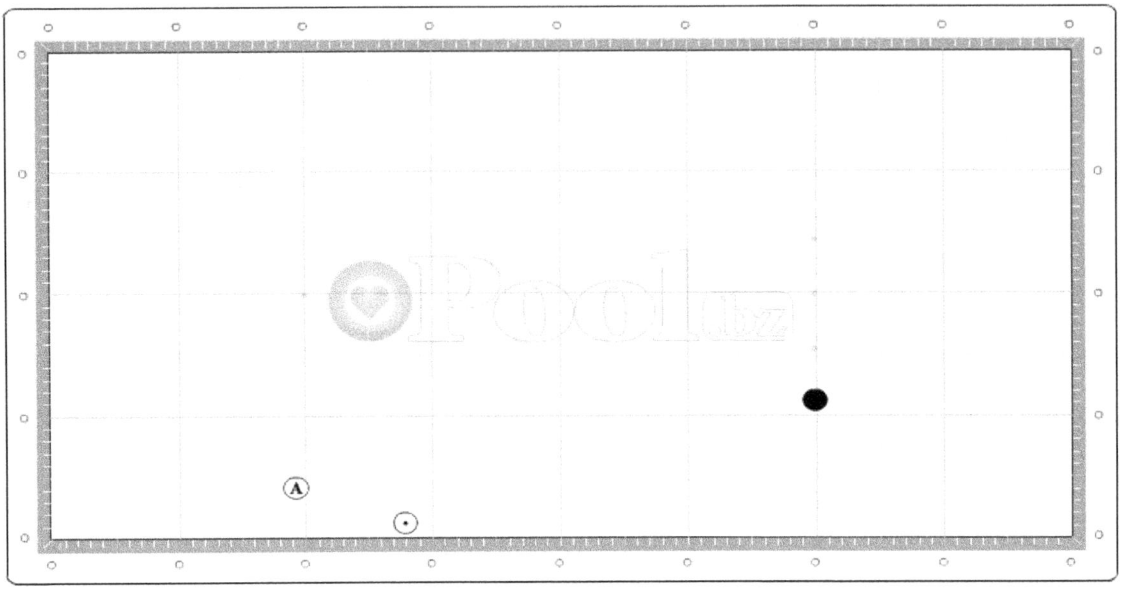

Note e idee:

Modello di colpo

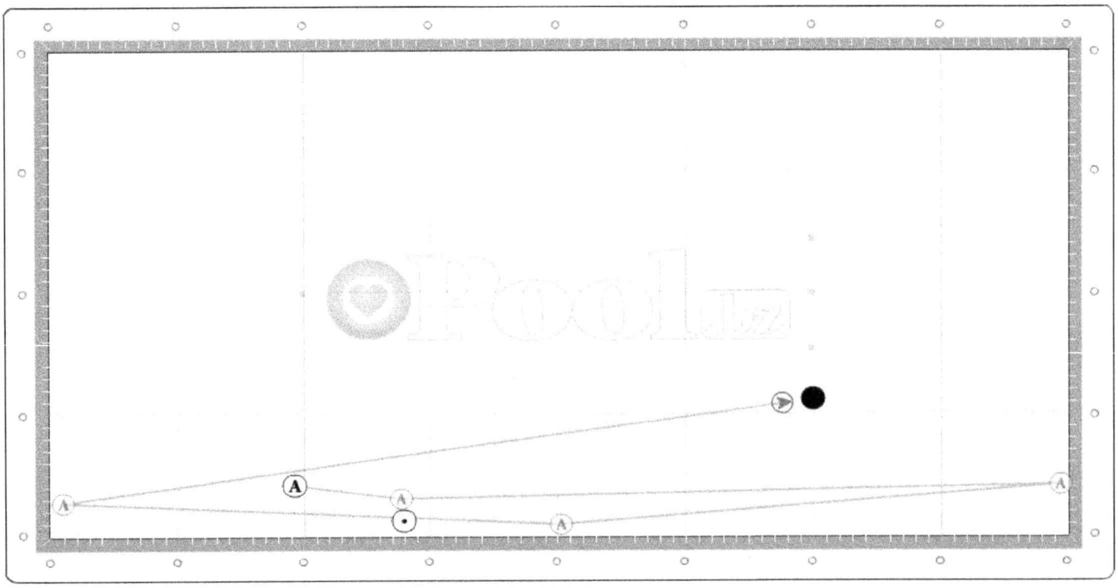

B:1b – Setup

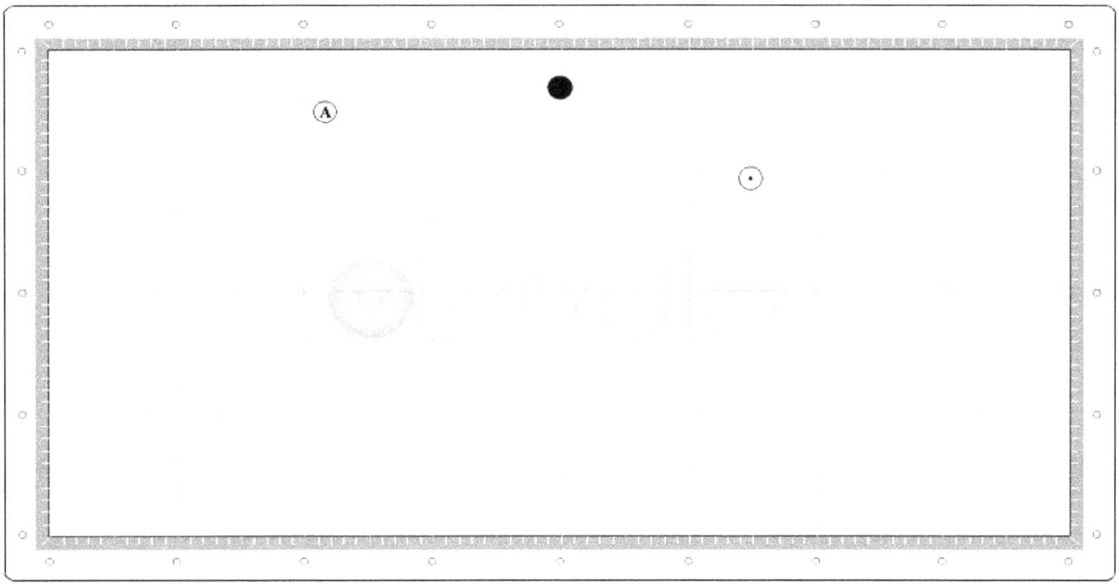

Note e idee:

Modello di colpo

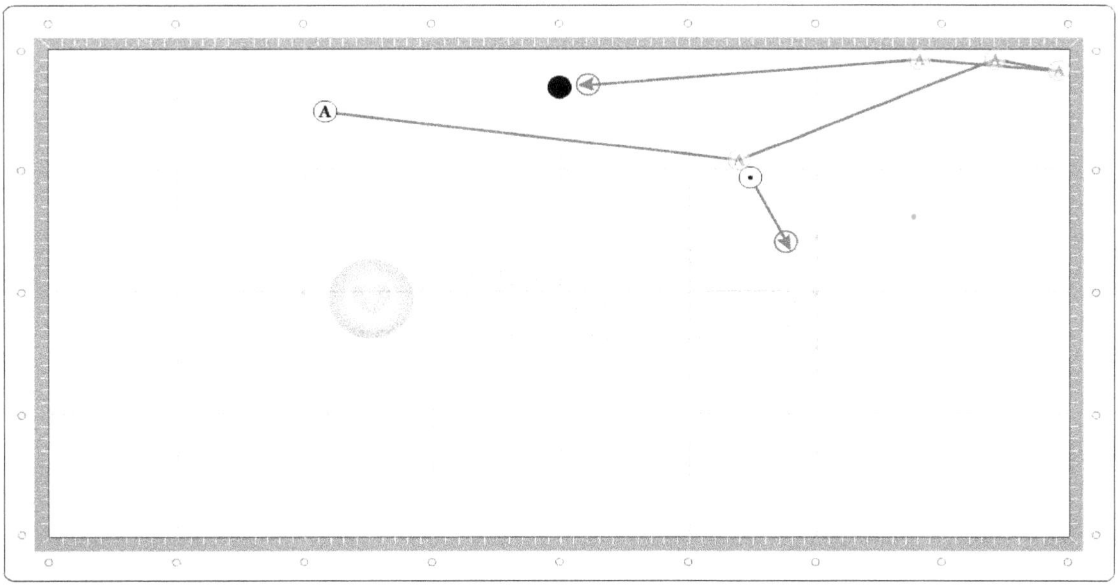

B:1c – Setup

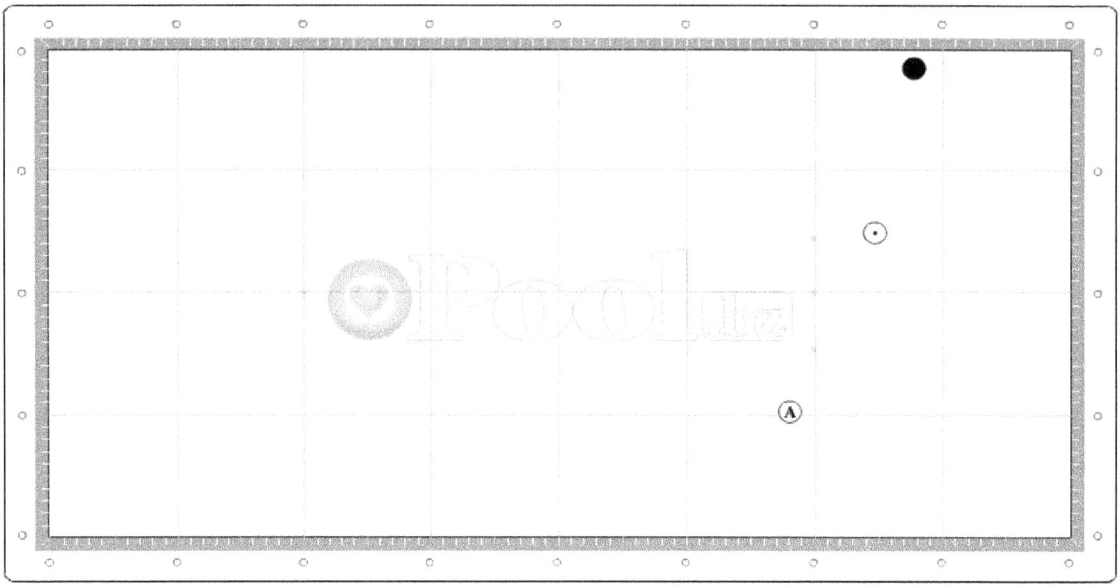

Note e idee:

Modello di colpo

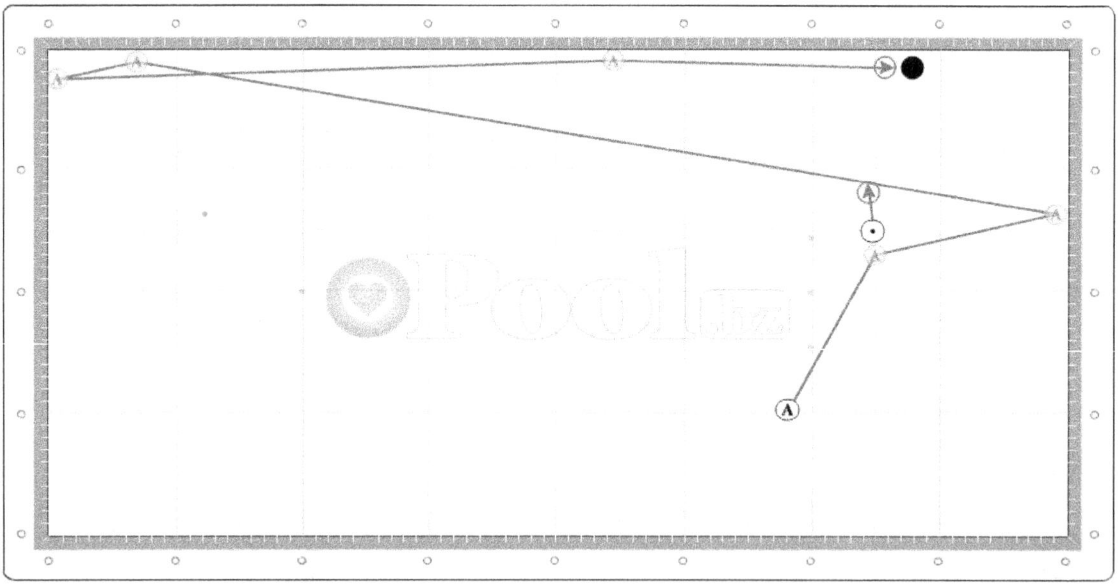

B:1d – Setup

Note e idee:

Modello di colpo

B: Gruppo 2

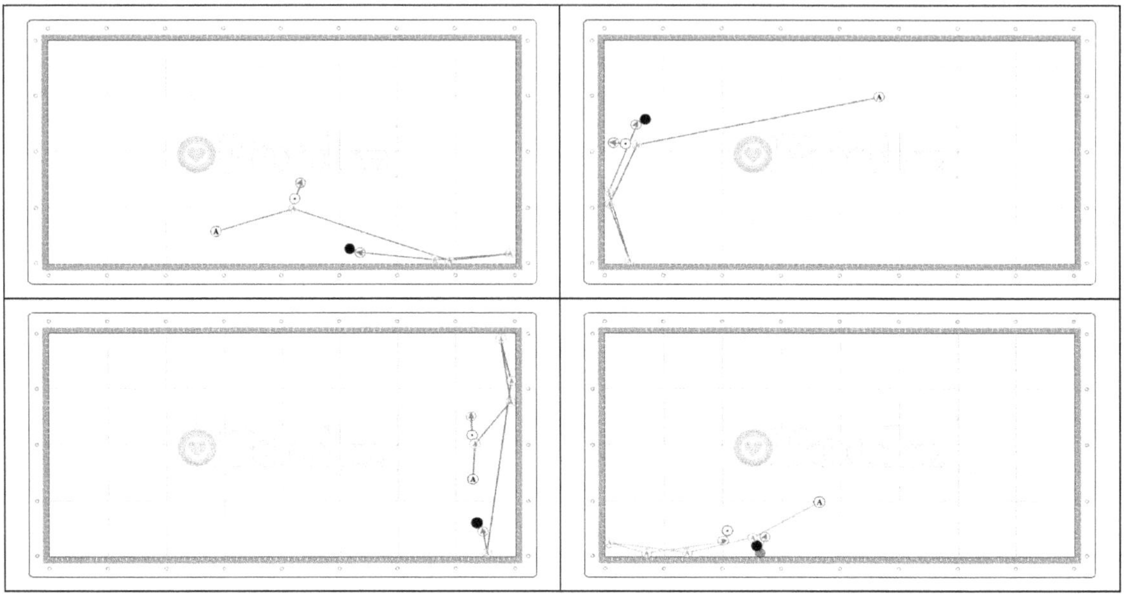

Analisi:

A:1a. ______________________________

A:1b. ______________________________

A:1c. ______________________________

A:1d. ______________________________

B:2a – Setup

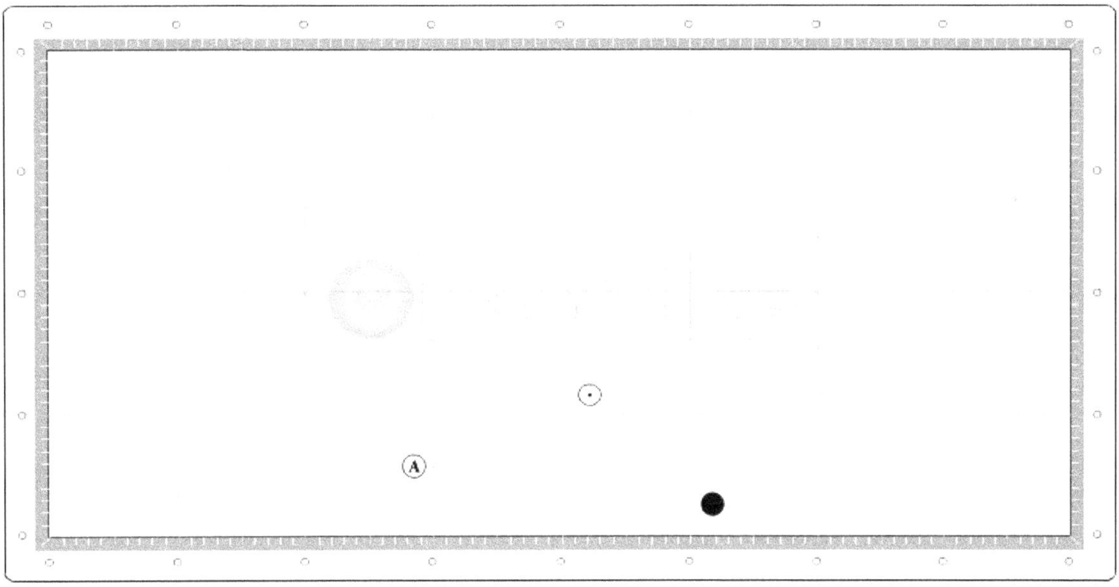

Note e idee:

Modello di colpo

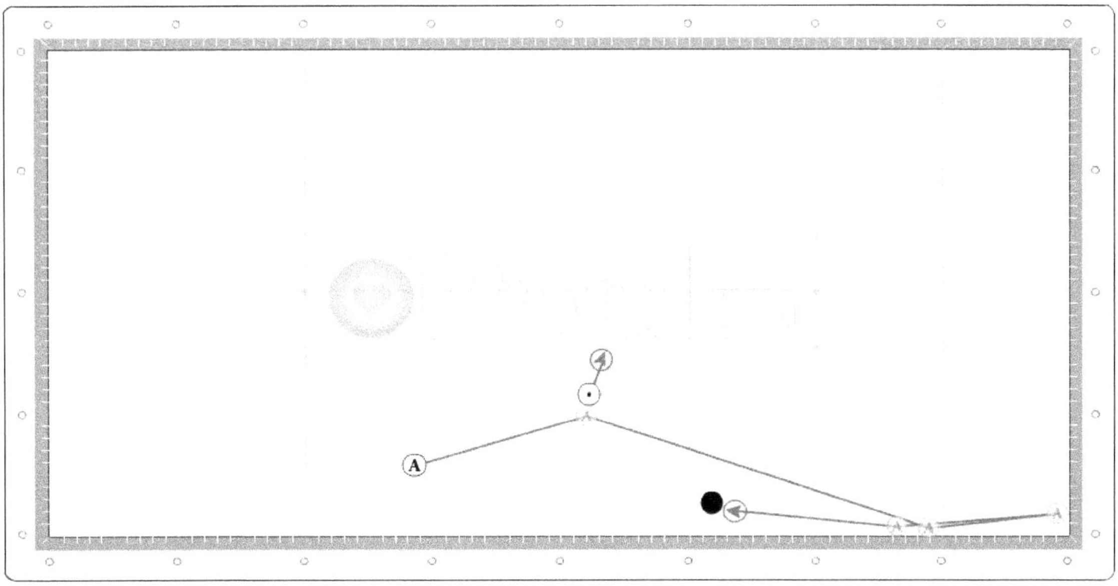

B:2b – Setup

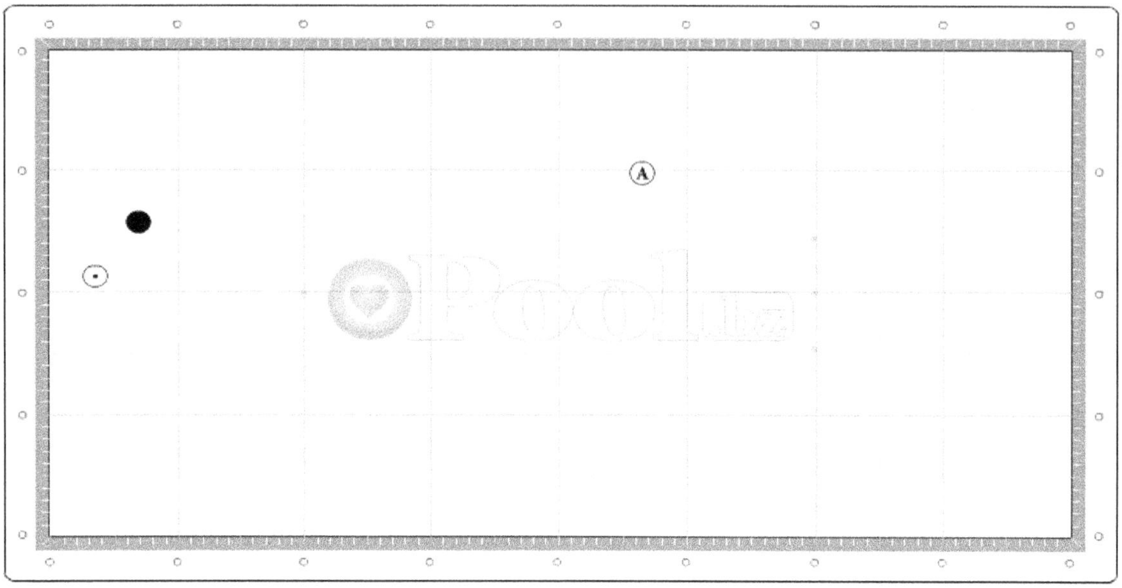

Note e idee:

Modello di colpo

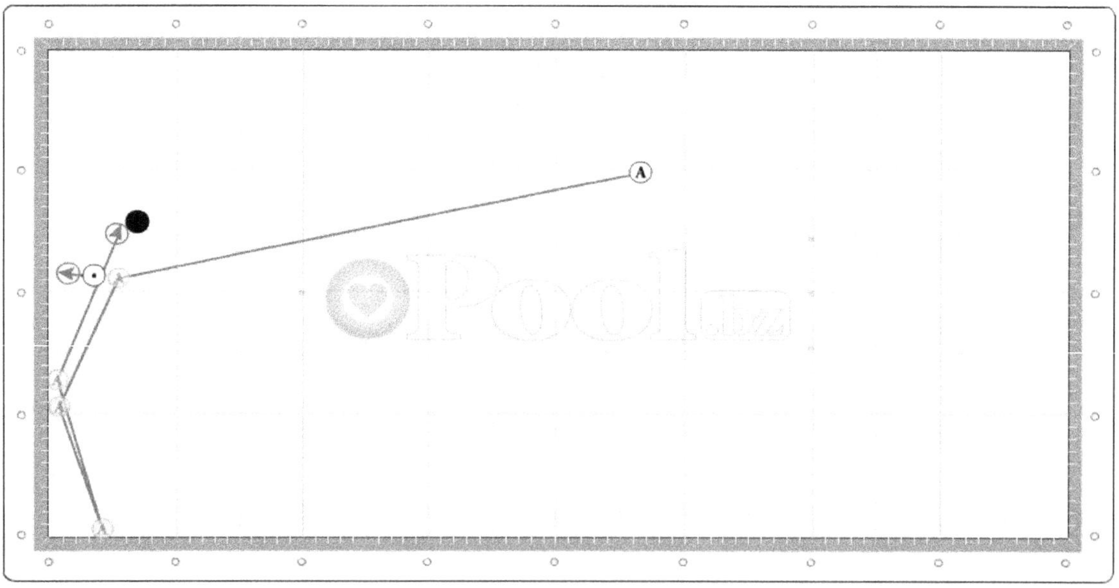

B:2c – Setup

Note e idee:

Modello di colpo

B:2d – Setup

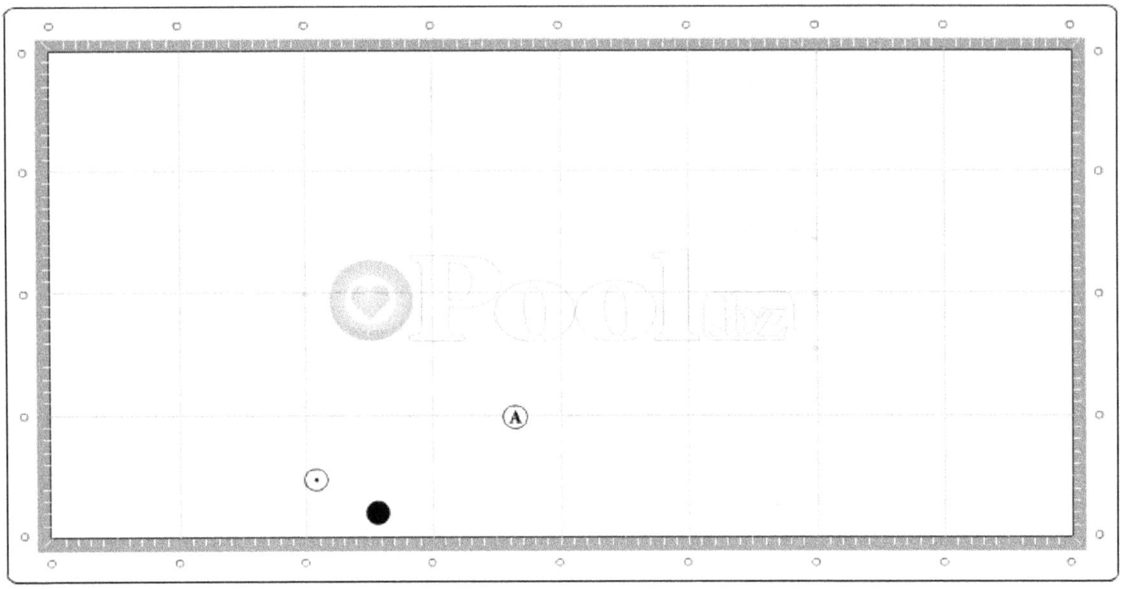

Note e idee:

Modello di colpo

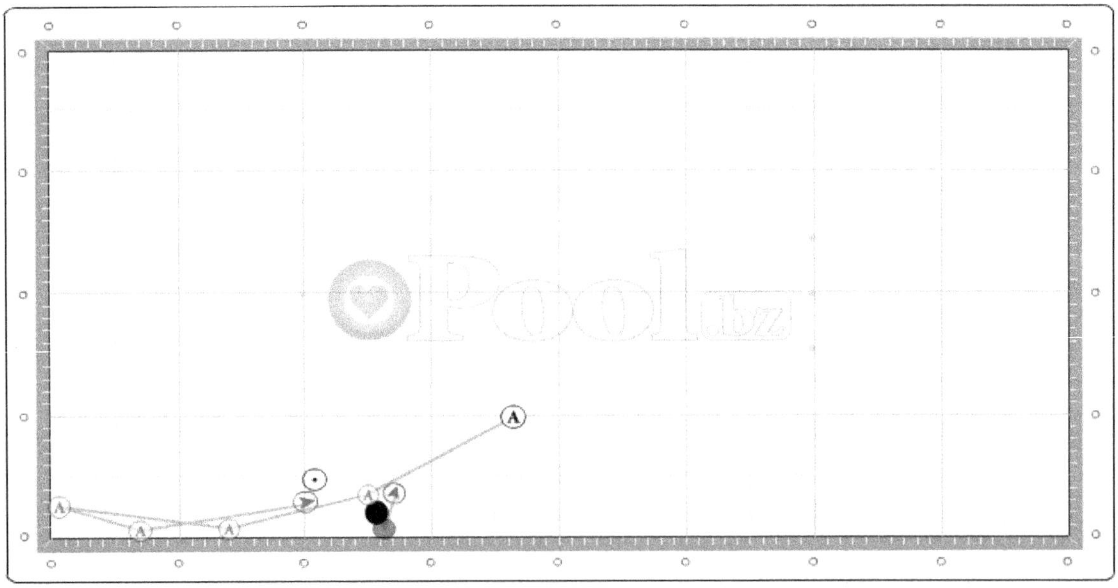

B: Gruppo 3

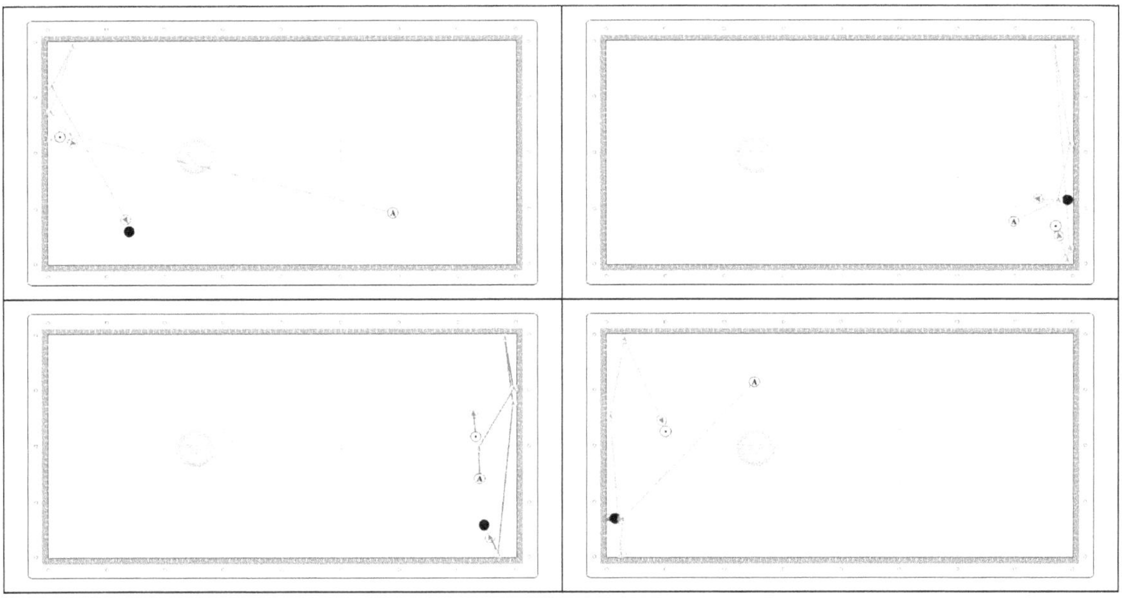

Analisi:

B:3a. ______________________________

B:3b. ______________________________

B:3c. ______________________________

B:3d. ______________________________

B:3a – Setup

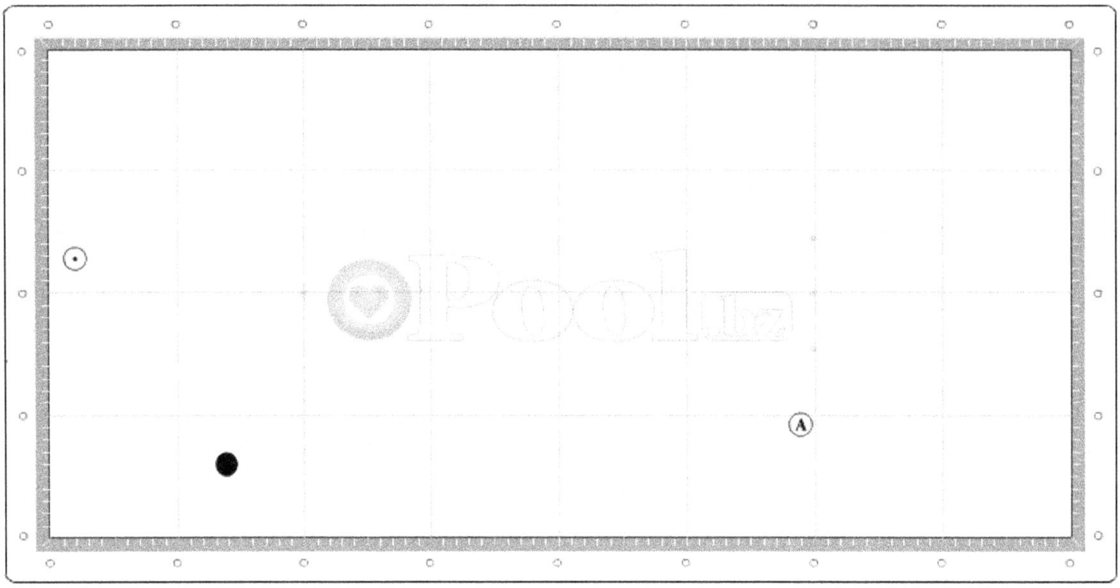

Note e idee:

Modello di colpo

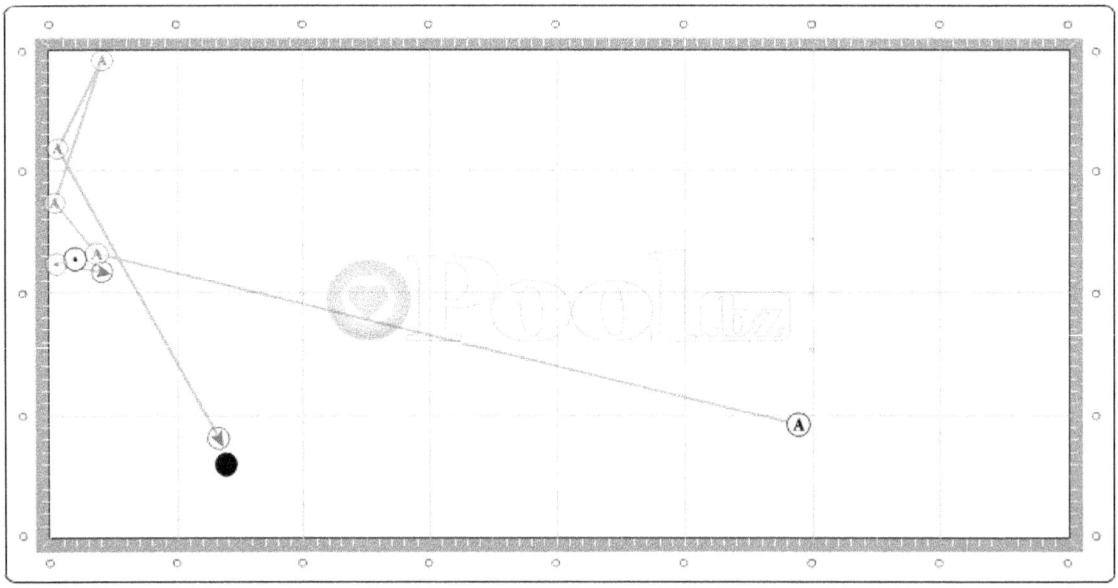

B:3b – Setup

Note e idee:

Modello di colpo

B:3c – Setup

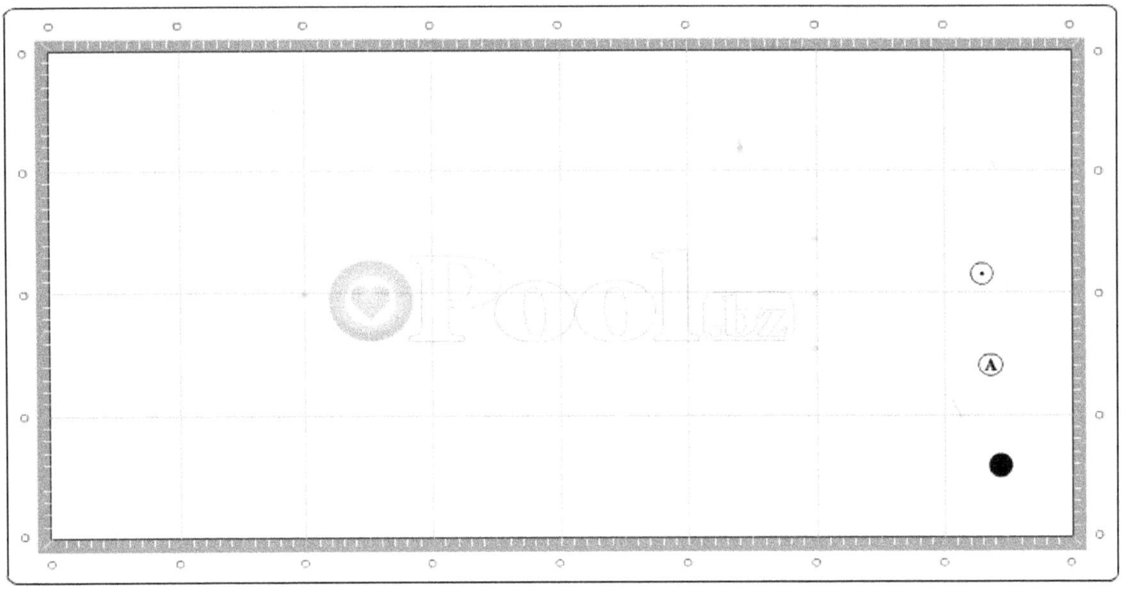

Note e idee:

Modello di colpo

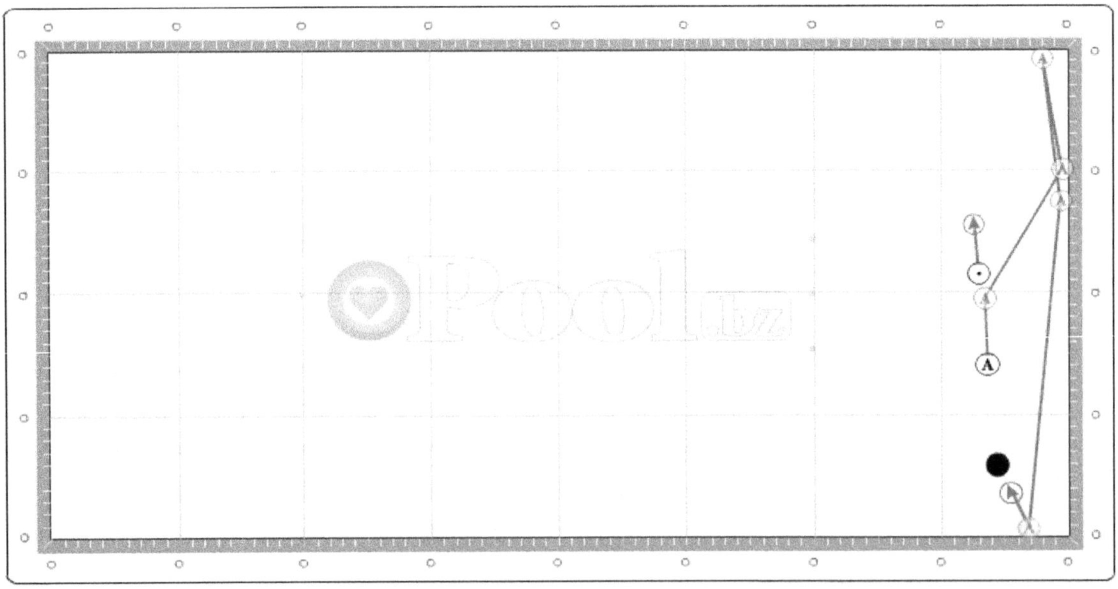

B:3d – Setup

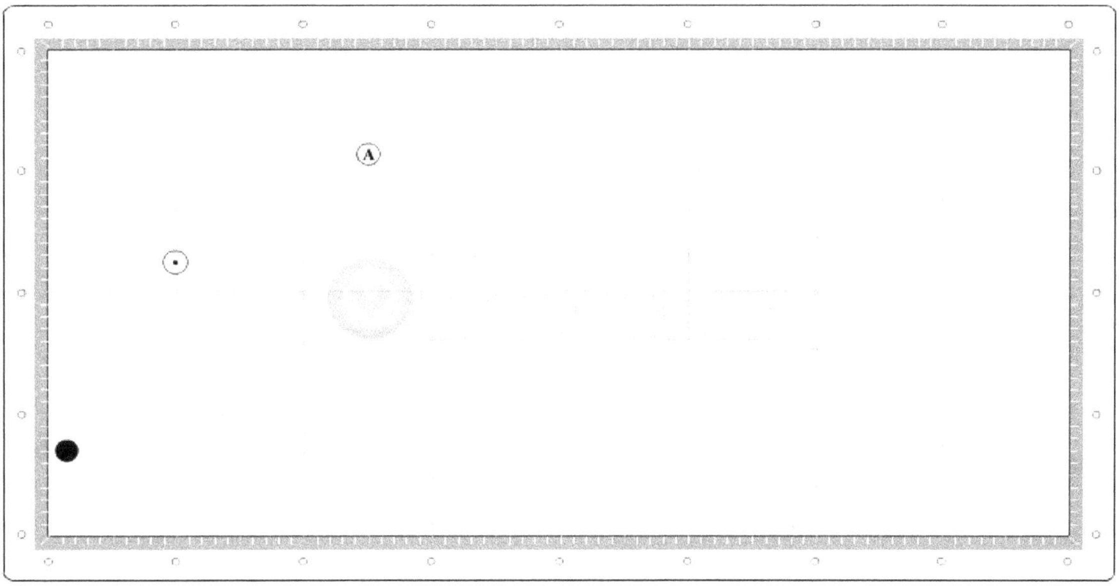

Note e idee:

Modello di colpo

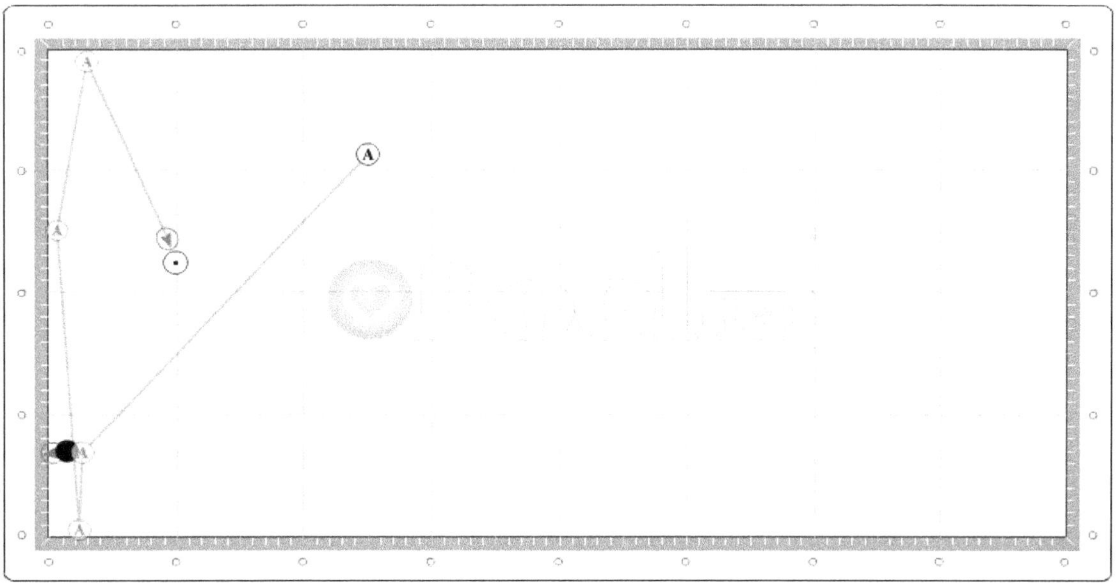

B: Gruppo 4

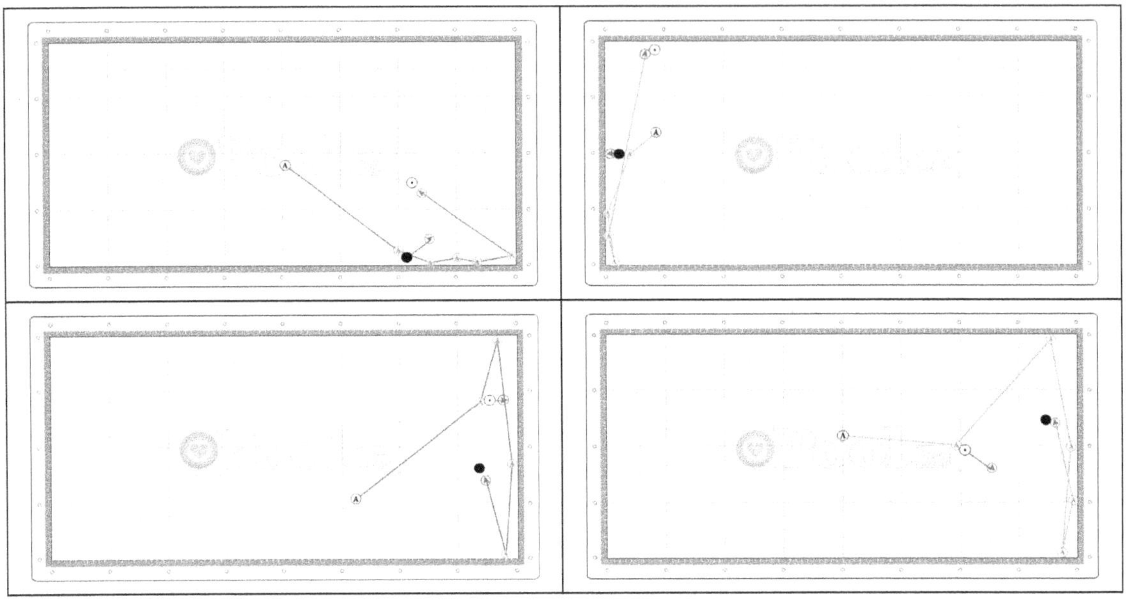

Analisi:

B:4a. ____

B:4b. ____

B:4c. ____

B:4d. ____

B:4a – Setup

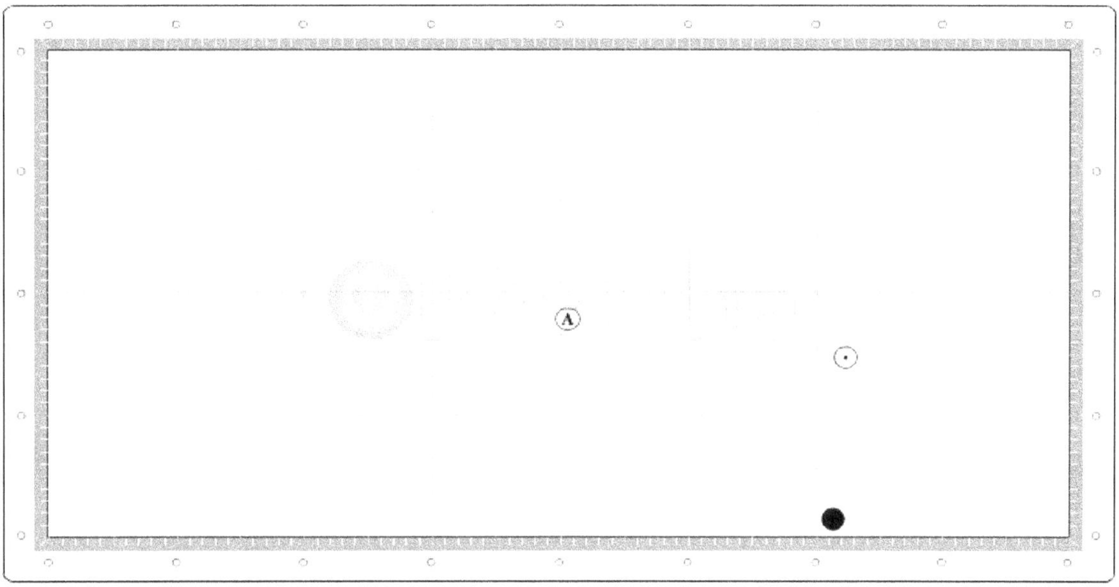

Note e idee:

Modello di colpo

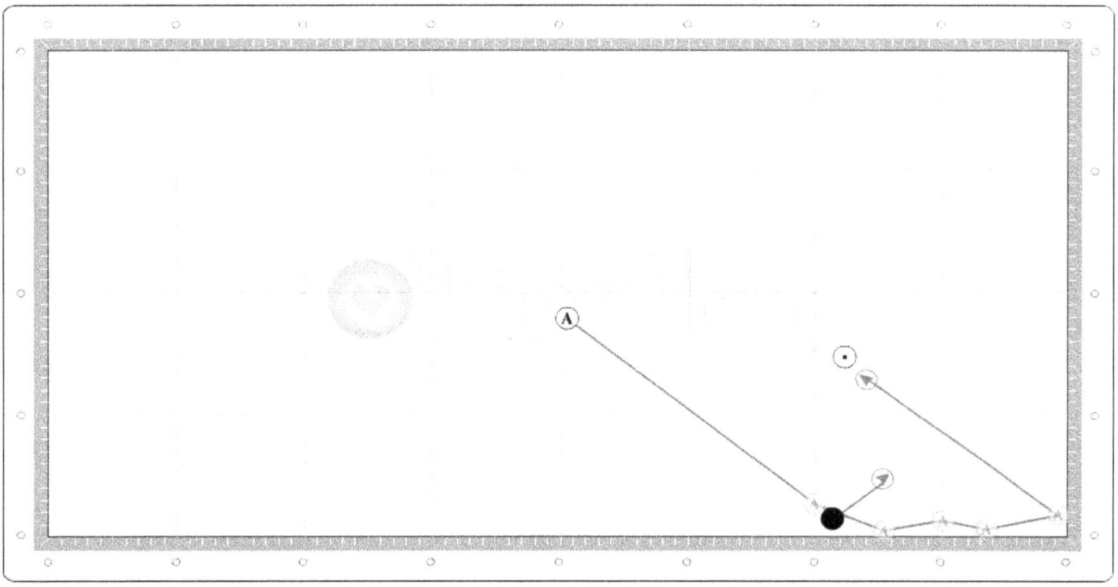

B:4b – Setup

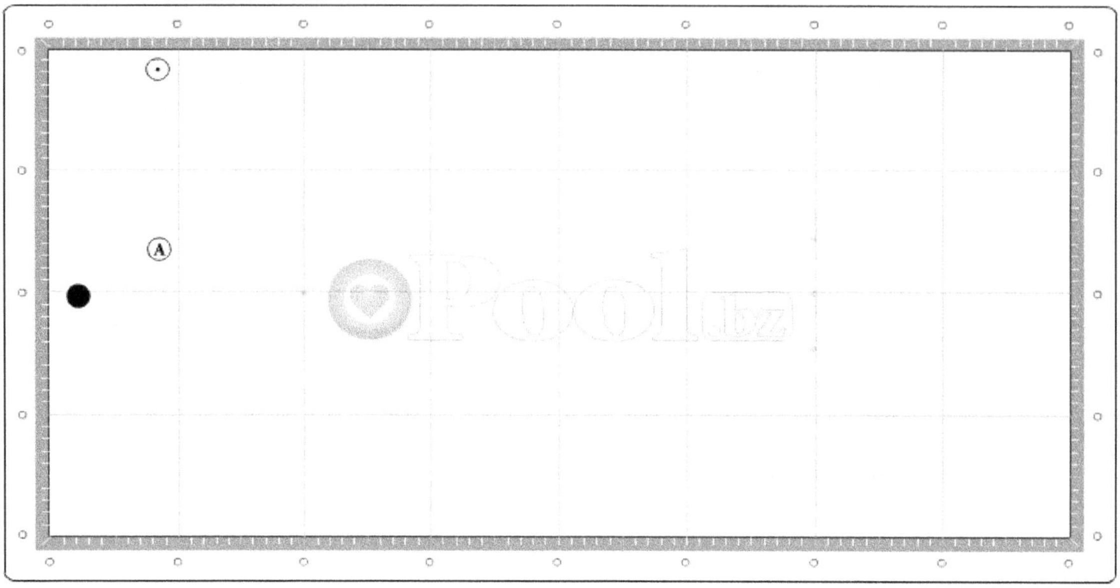

Note e idee:

Modello di colpo

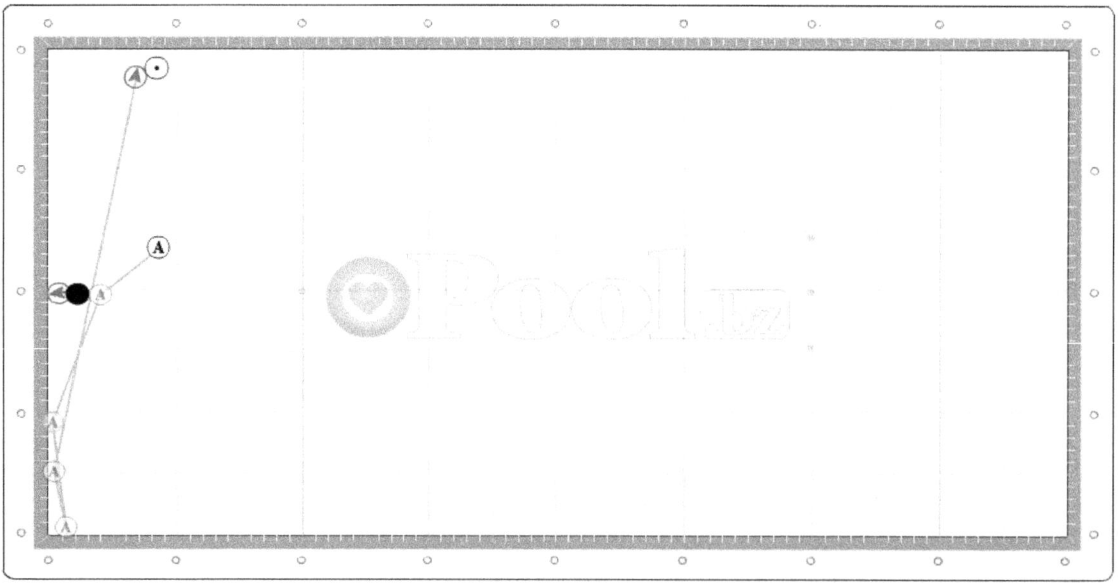

B:4c – Setup

Note e idee:

Modello di colpo

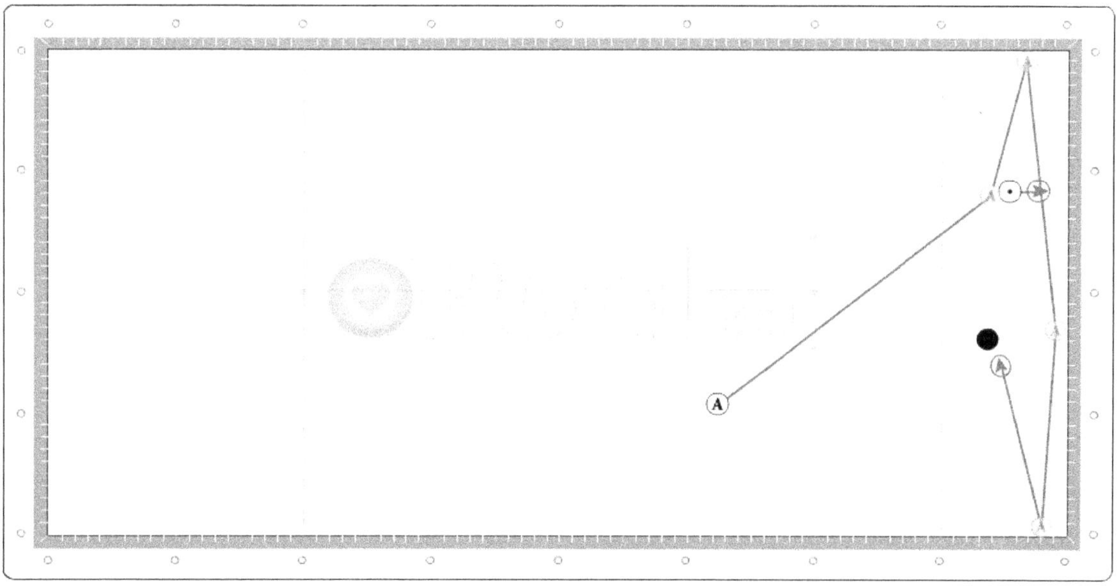

B:4d – Setup

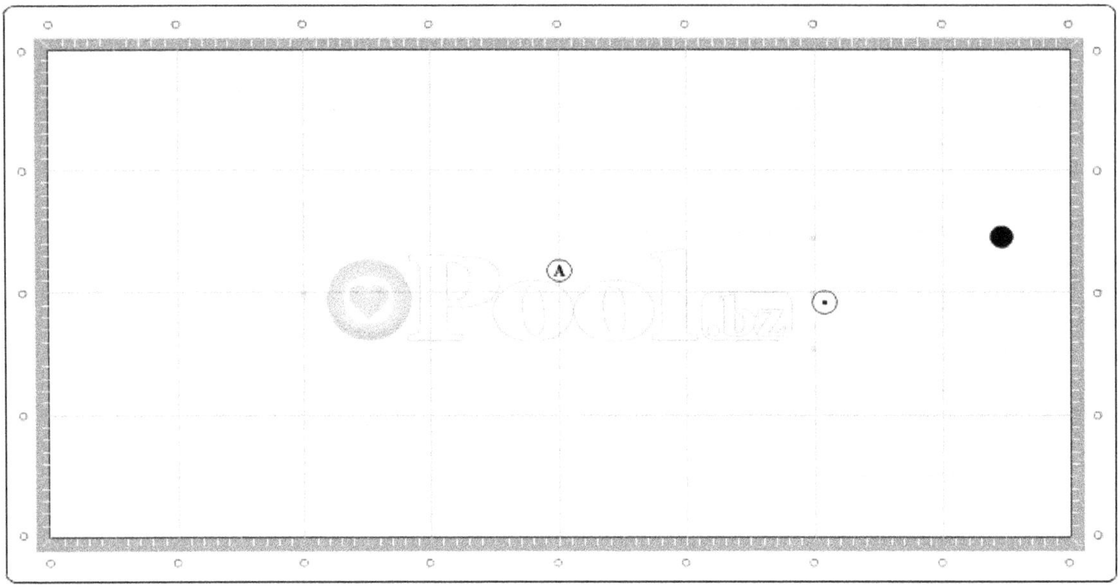

Note e idee:

Modello di colpo

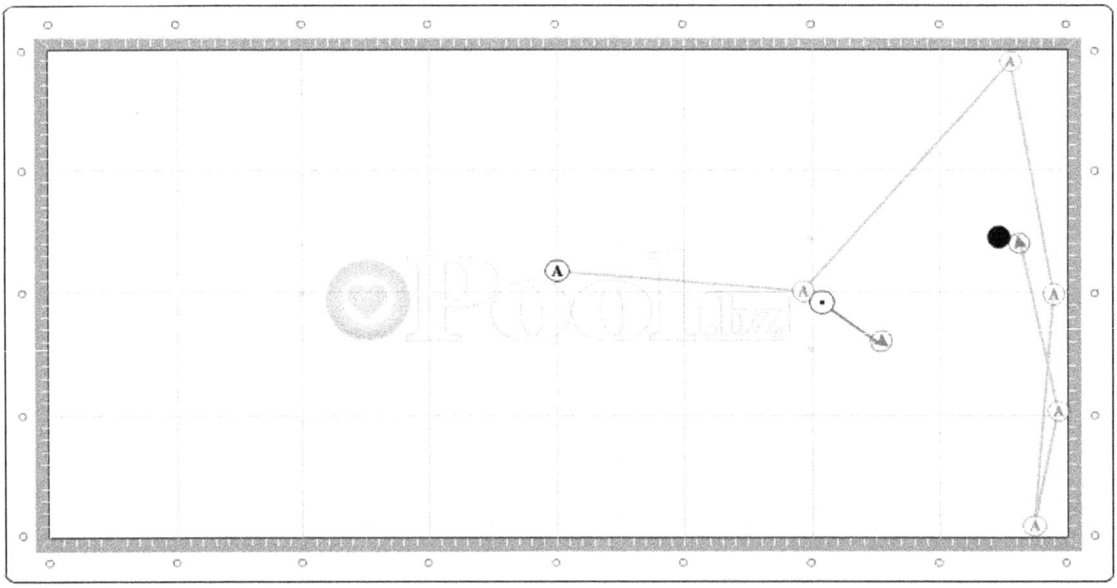

C: Zigging e zagging

Il (CB) deve viaggiare avanti e indietro, da lato a lato, molte volte. Questi sono molto divertenti da sperimentare.

(CB) (la tua palla) - (OB) (palla dell'avversario) - (OB) (palla rossa)

C: Gruppo 1

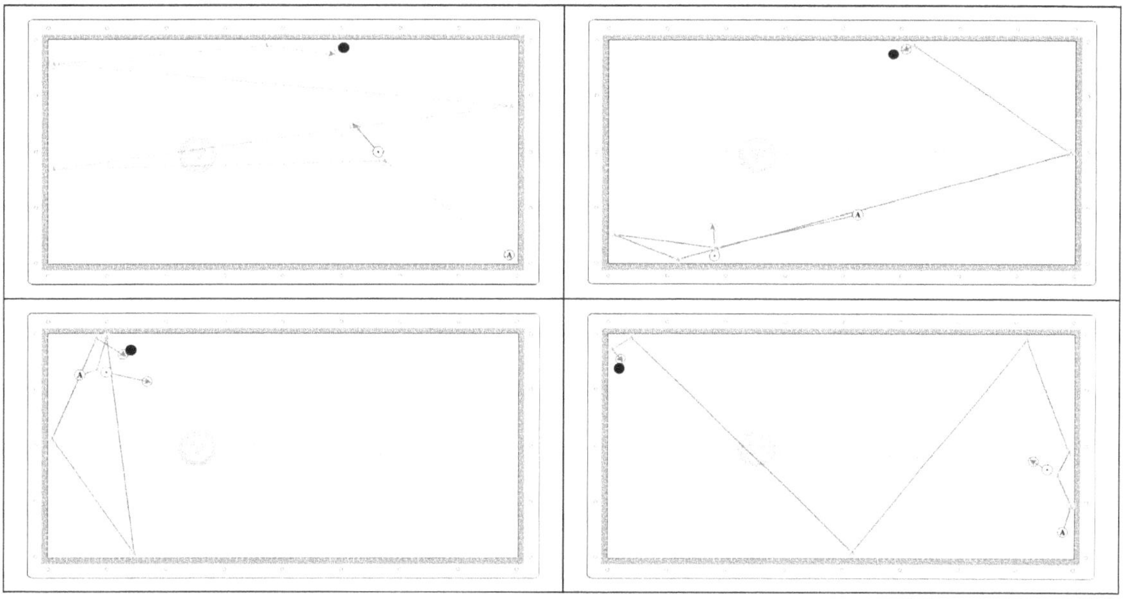

Analisi:

C:1a. ______________________________

C:1b. ______________________________

C:1c. ______________________________

C:1d. ______________________________

C:1a – Setup

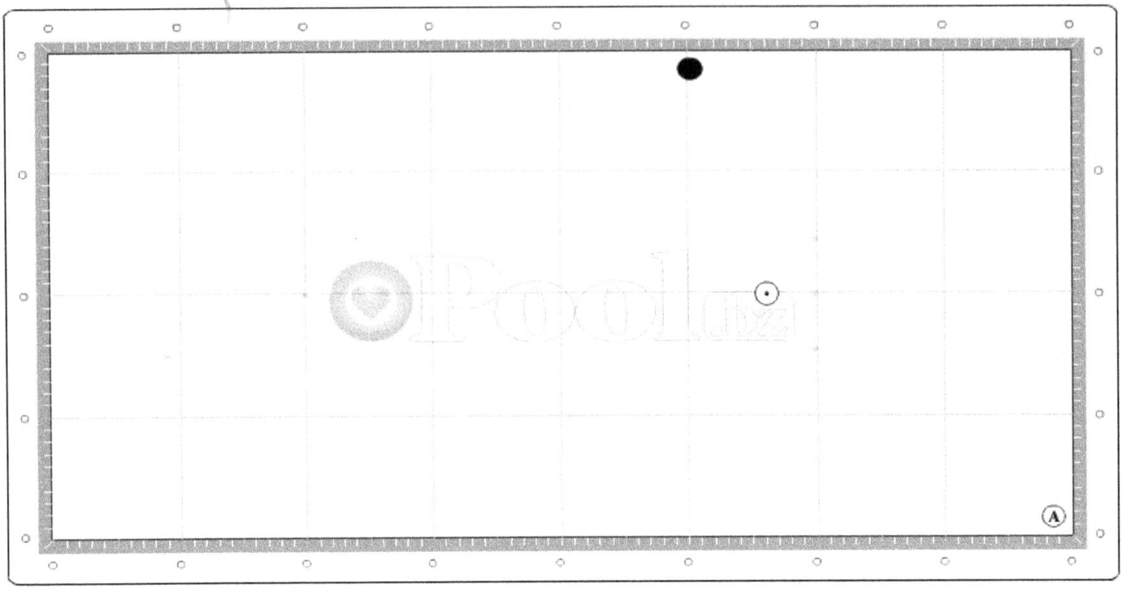

Note e idee:

Modello di colpo

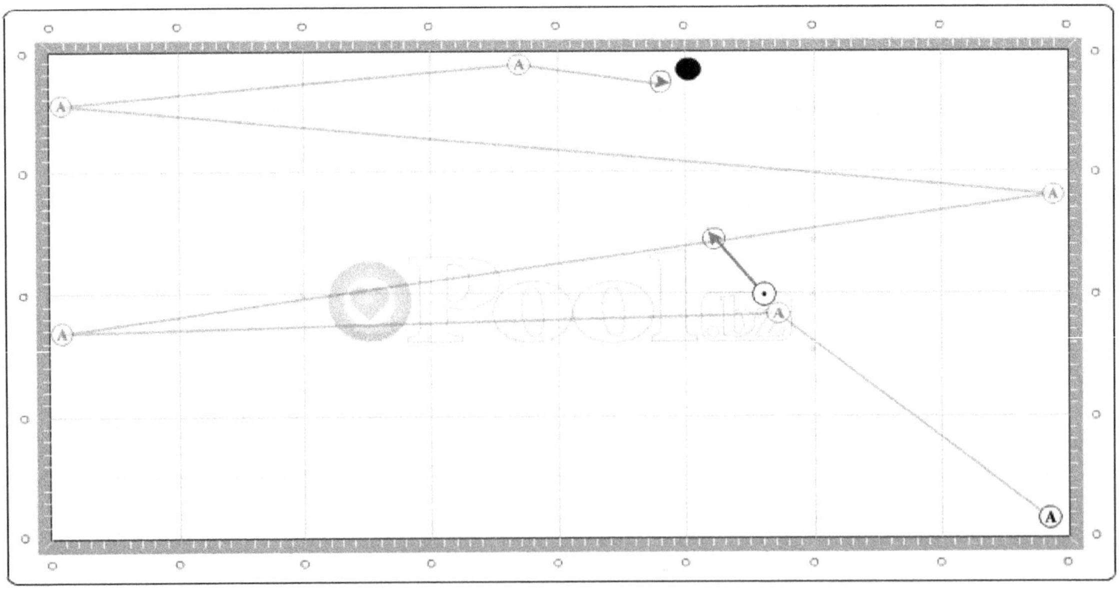

C:1b – Setup

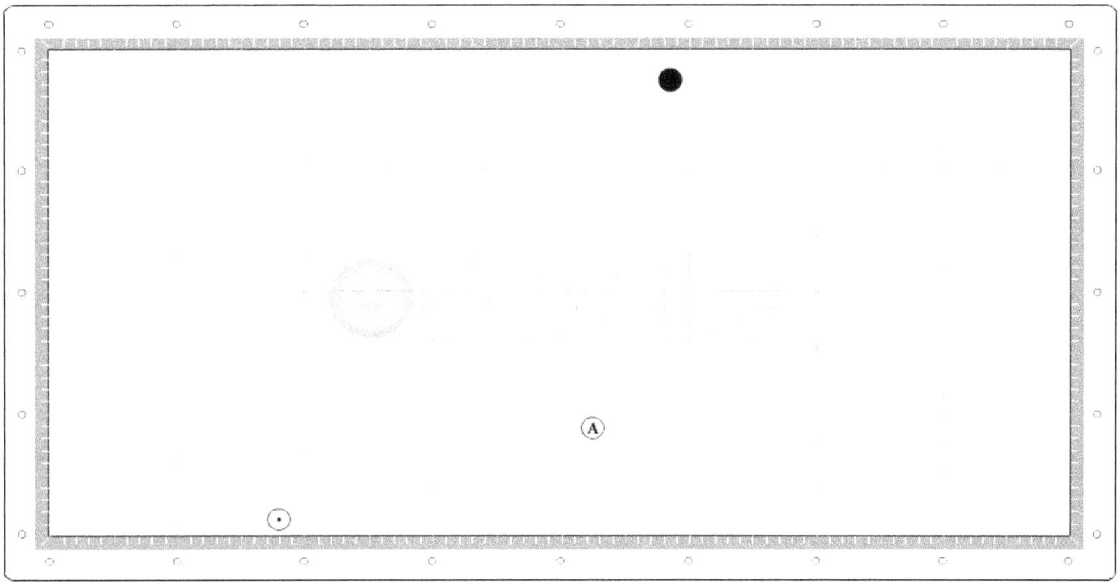

Note e idee:

Modello di colpo

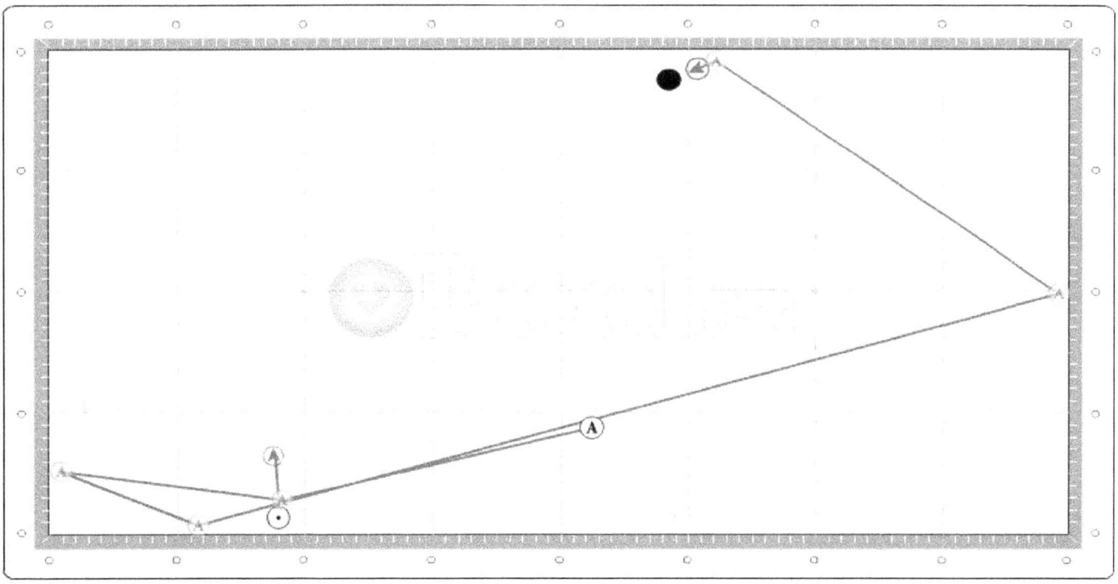

C:1c – Setup

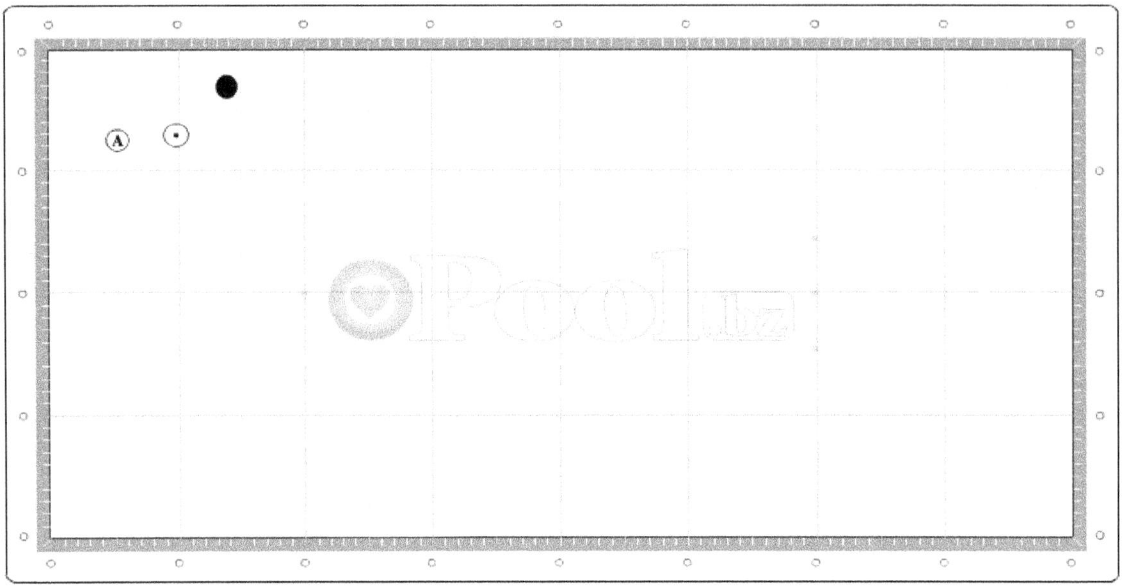

Note e idee:

Modello di colpo

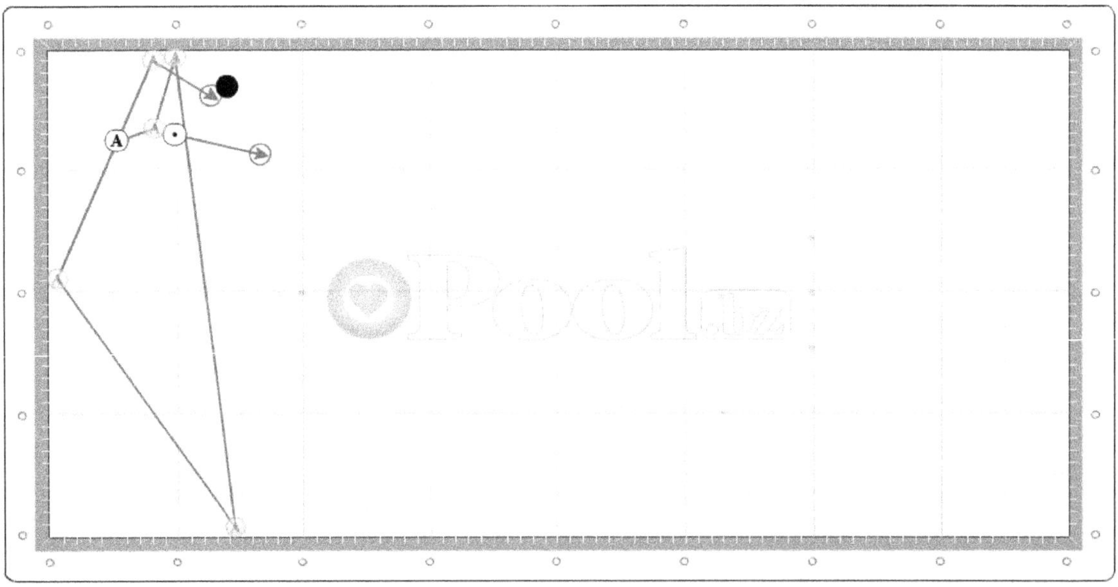

C:1d – Setup

Note e idee:

Modello di colpo

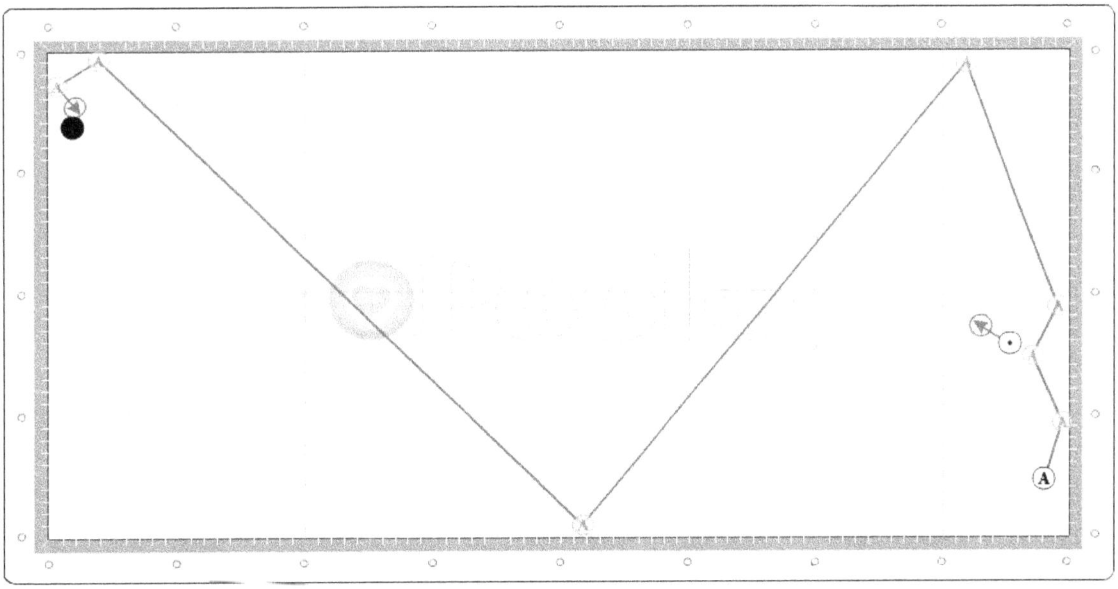

C: Gruppo 2

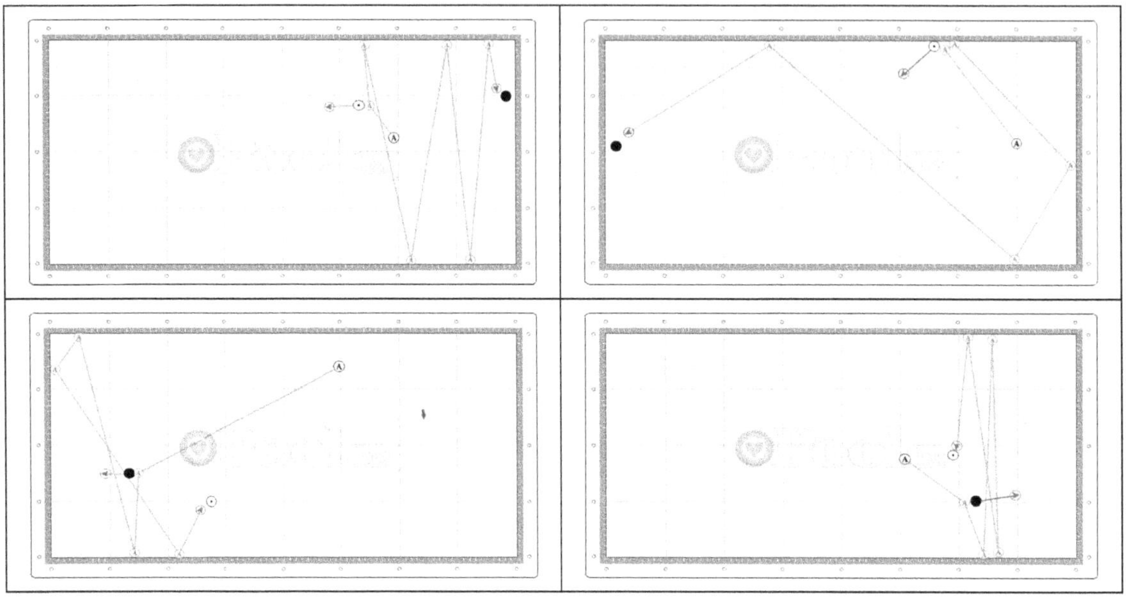

Analisi:

C:2a. ____

C:2b. ____

C:2c. ____

C:2d. ____

C:2a – Setup

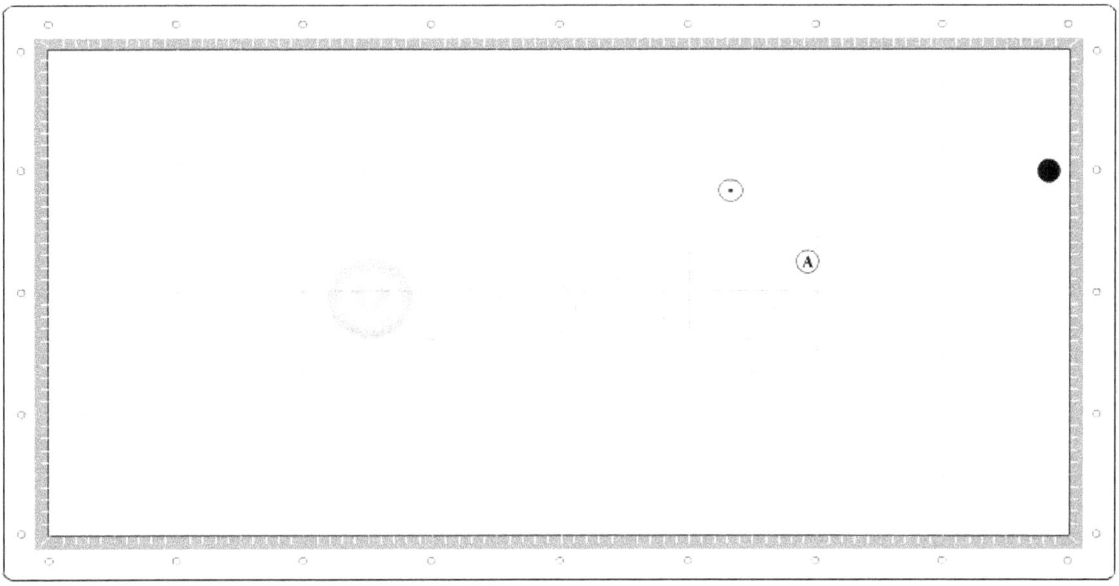

Note e idee:

Modello di colpo

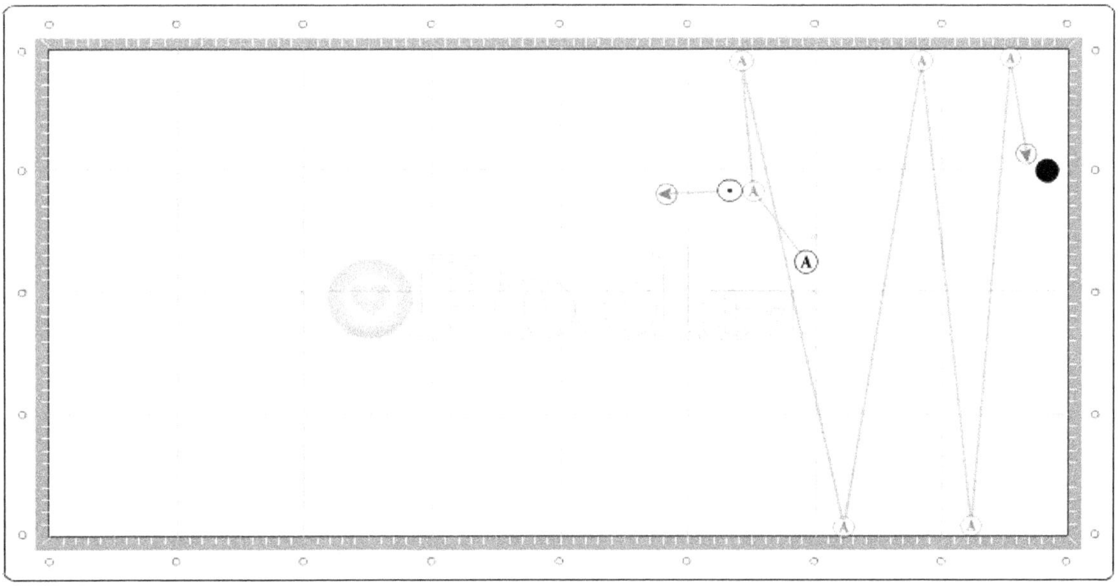

C:2b – Setup

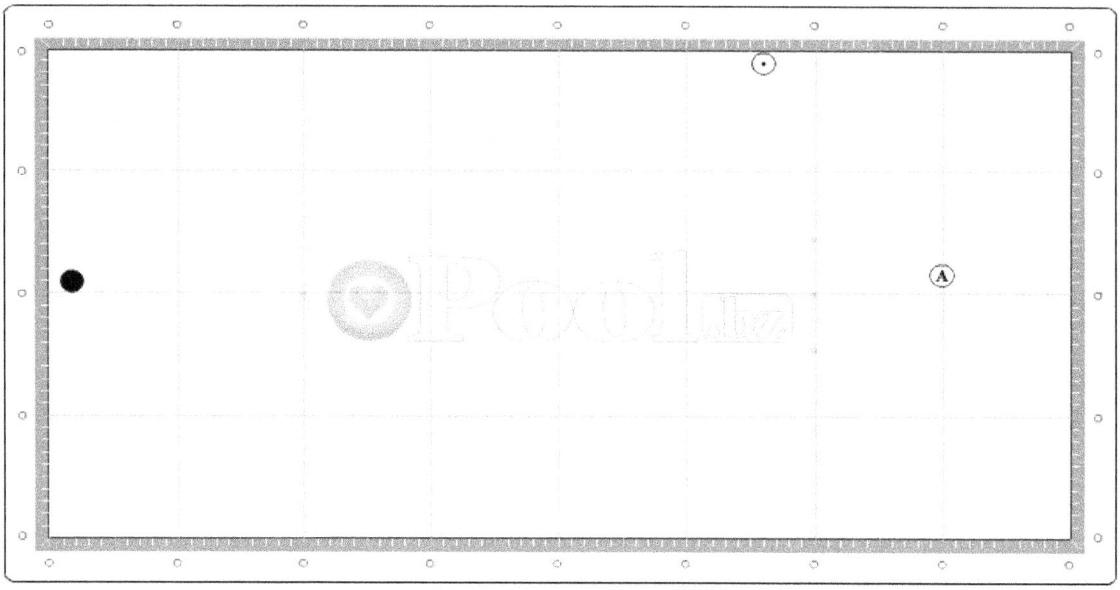

Note e idee:

Modello di colpo

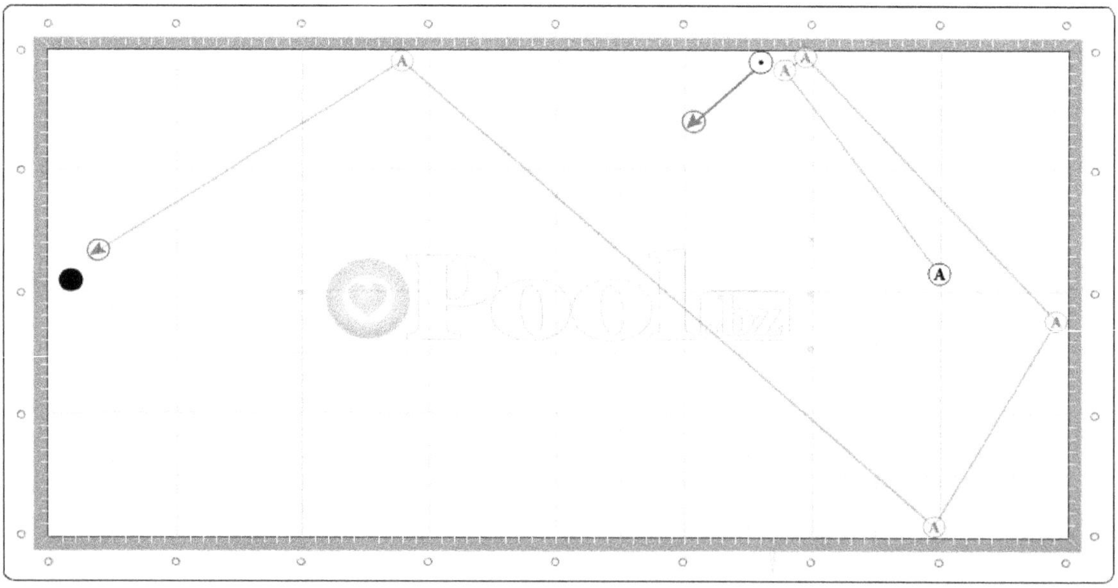

C:2c – Setup

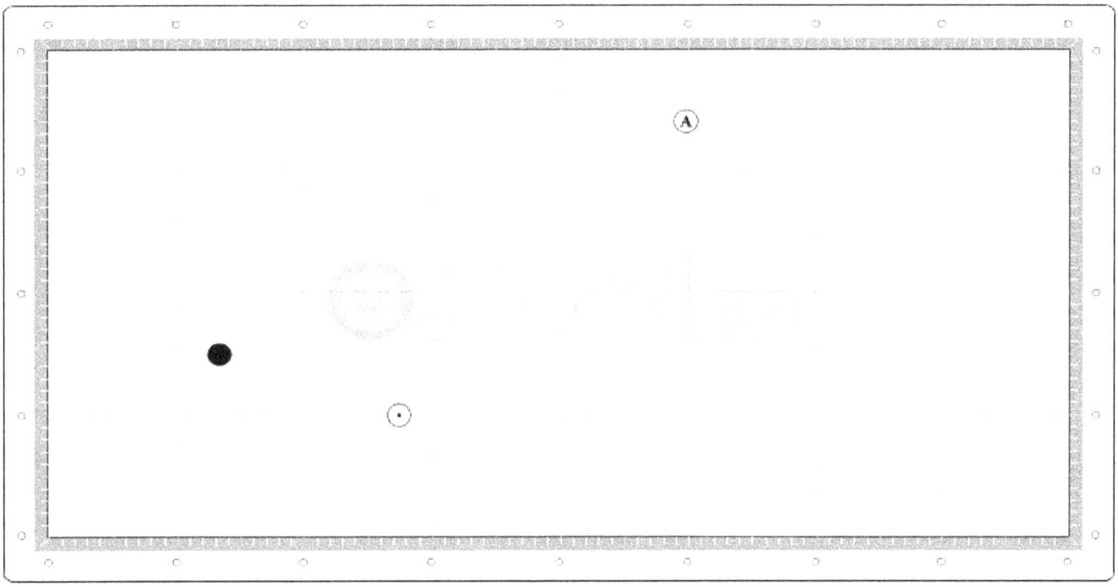

Note e idee:

Modello di colpo

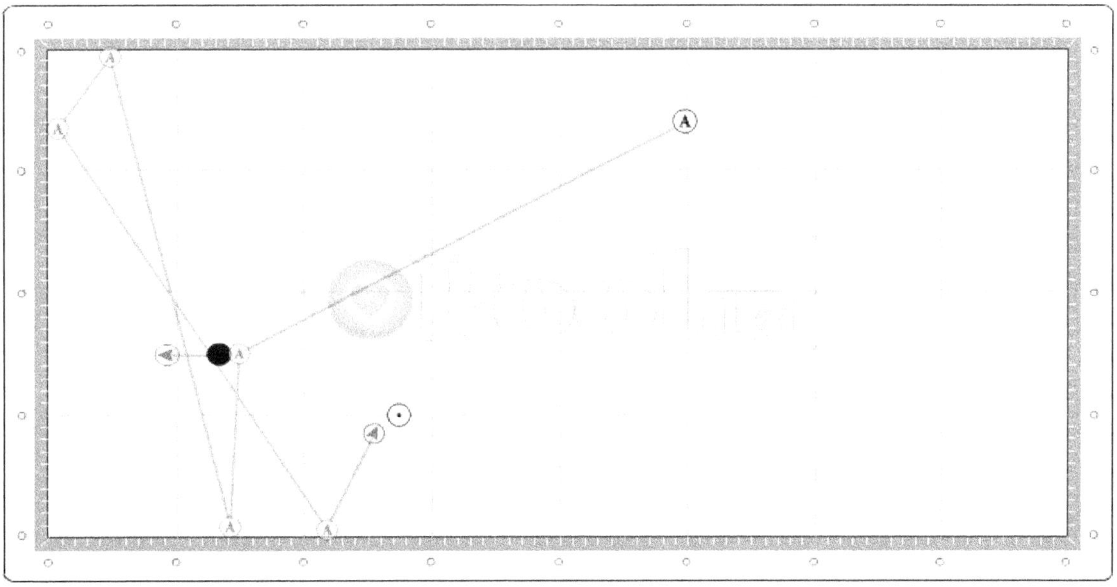

C:2d – Setup

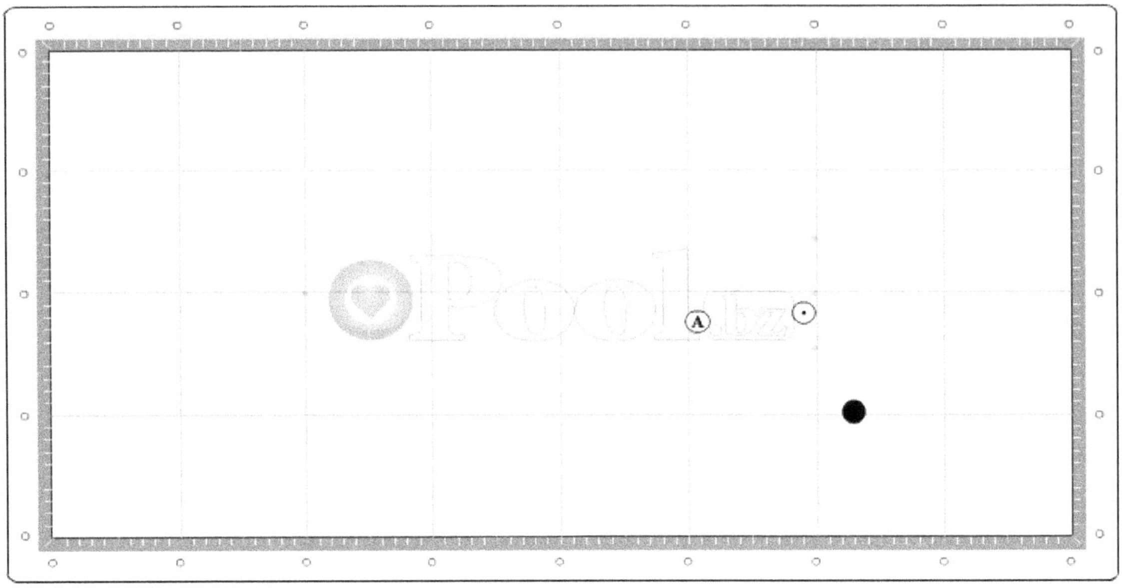

Note e idee:

Modello di colpo

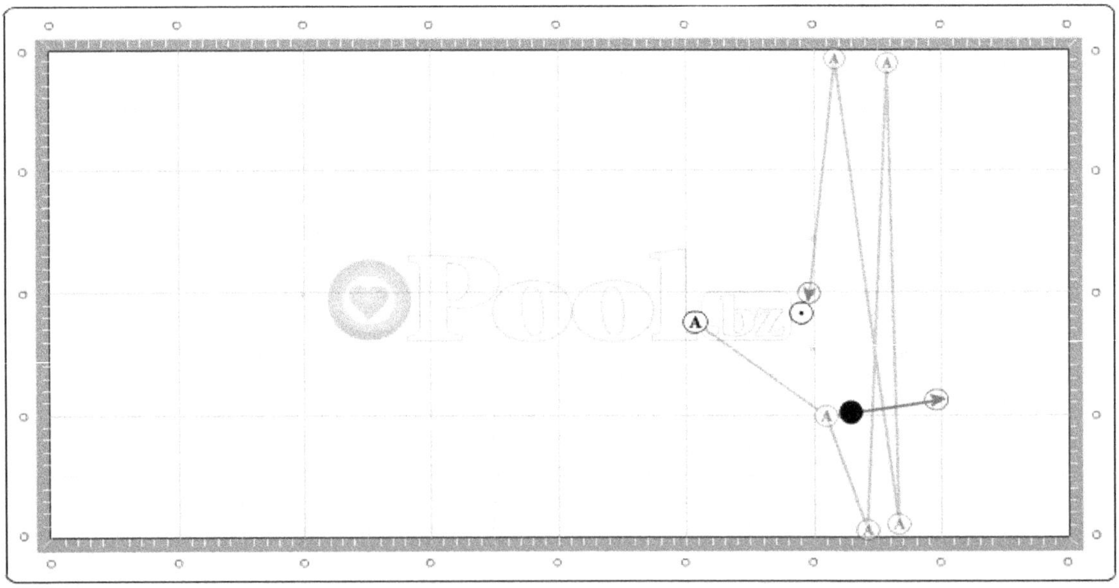

D: Un sacco di sponde extra

Il (CB) viaggia intorno a molti, molti sponde.

A (CB) (la tua palla) - (OB) (palla dell'avversario) - (OB) (palla rossa)

D: Gruppo 1

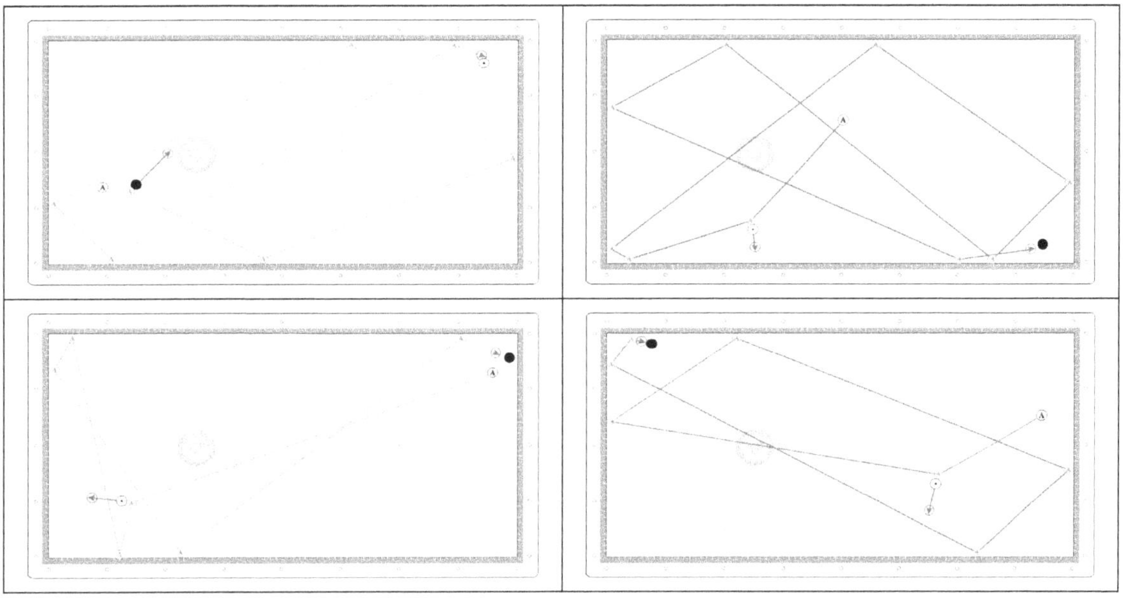

Analisi:

D:1a. ____

D:1b. ____

D:1c. ____

D:1d. ____

D:1a – Setup

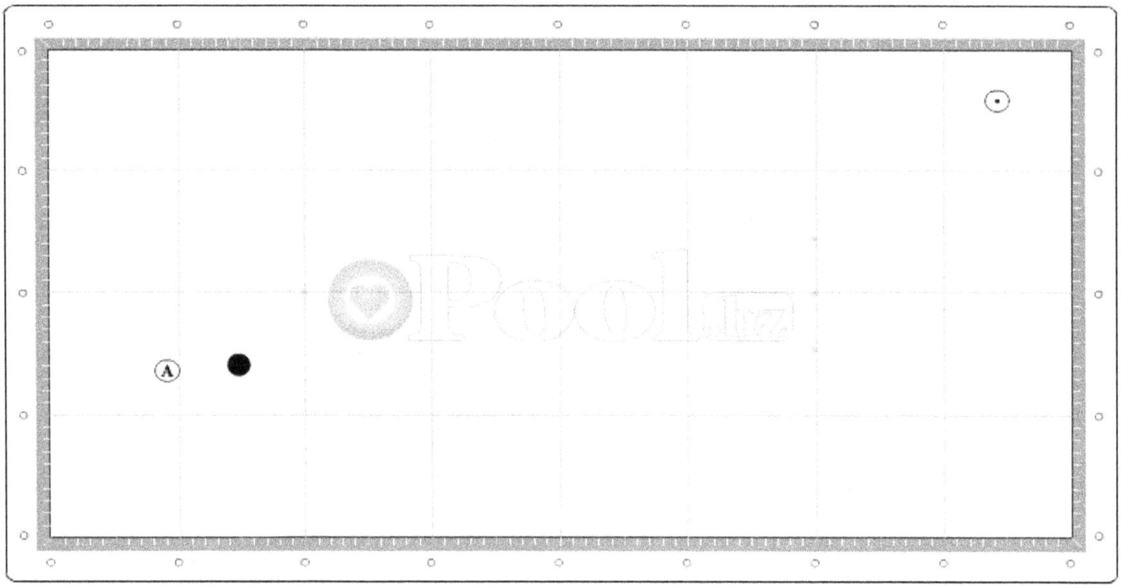

Note e idee:

Modello di colpo

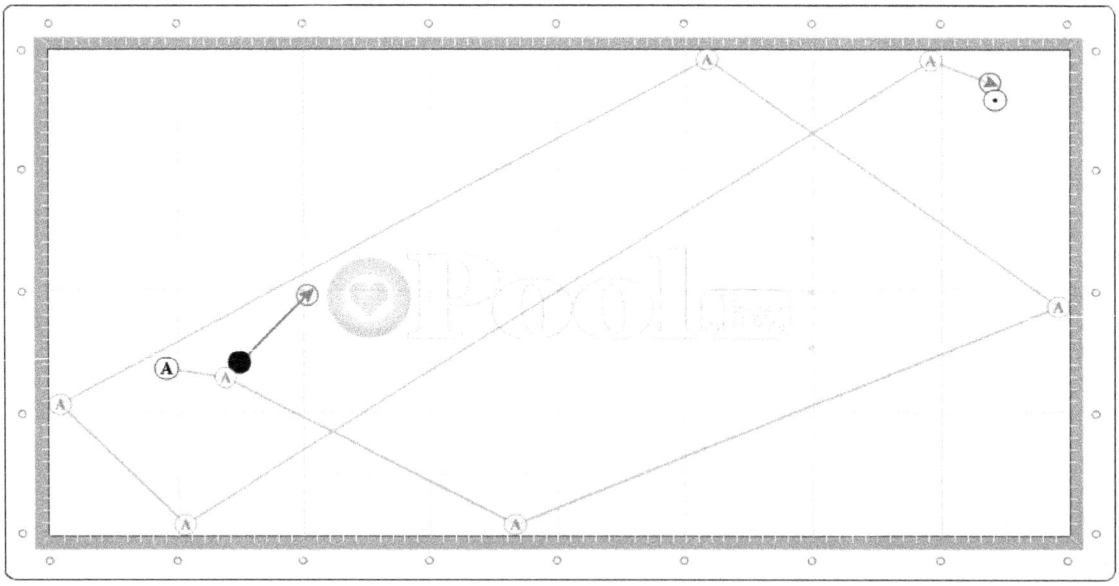

D:1b – Setup

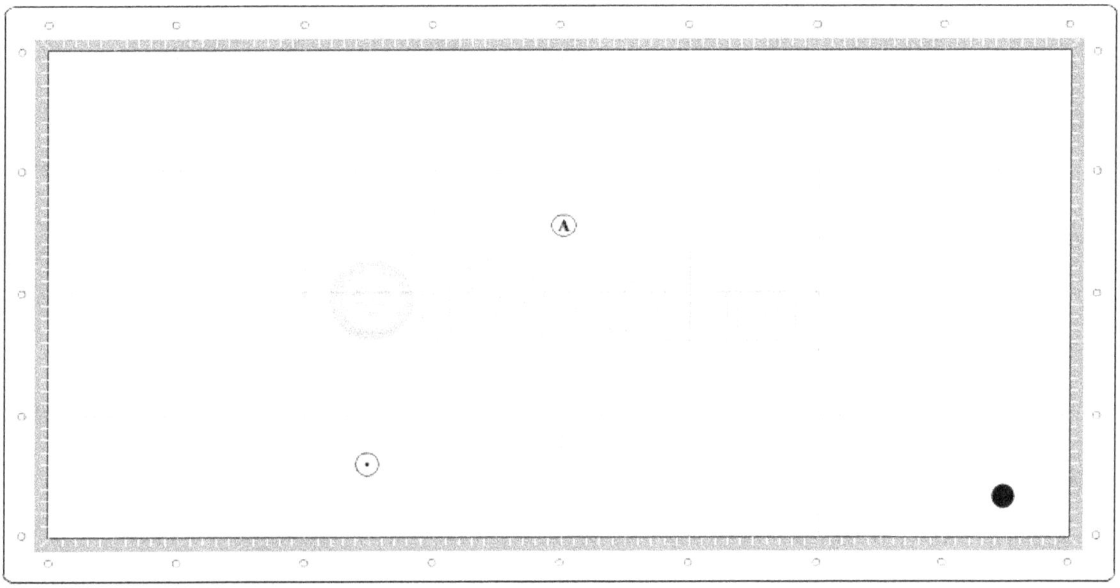

Note e idee:

Modello di colpo

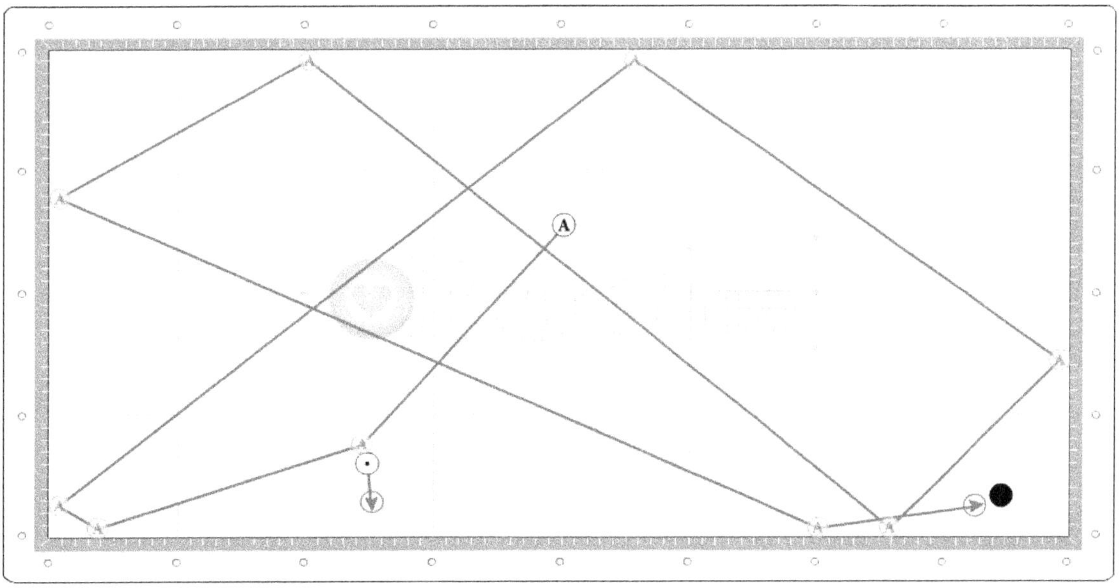

D:1c – Setup

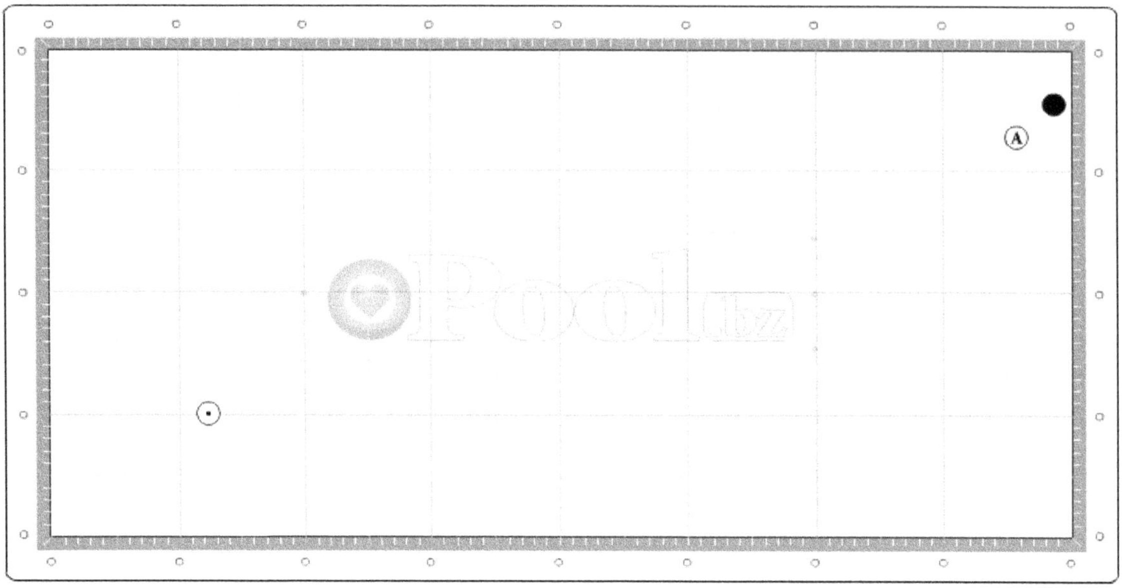

Note e idee:

Modello di colpo

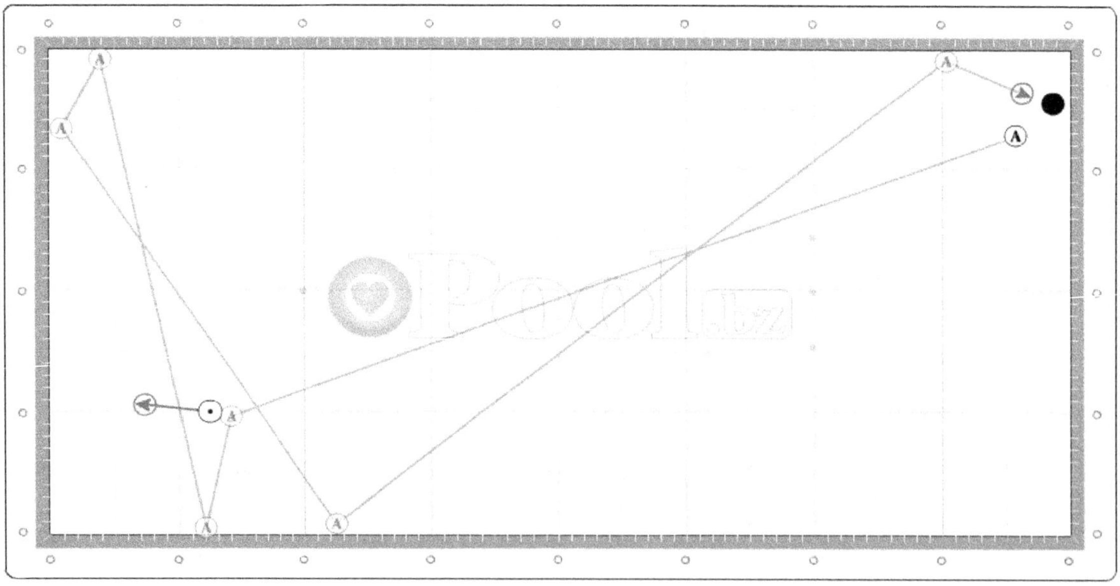

D:1d – Setup

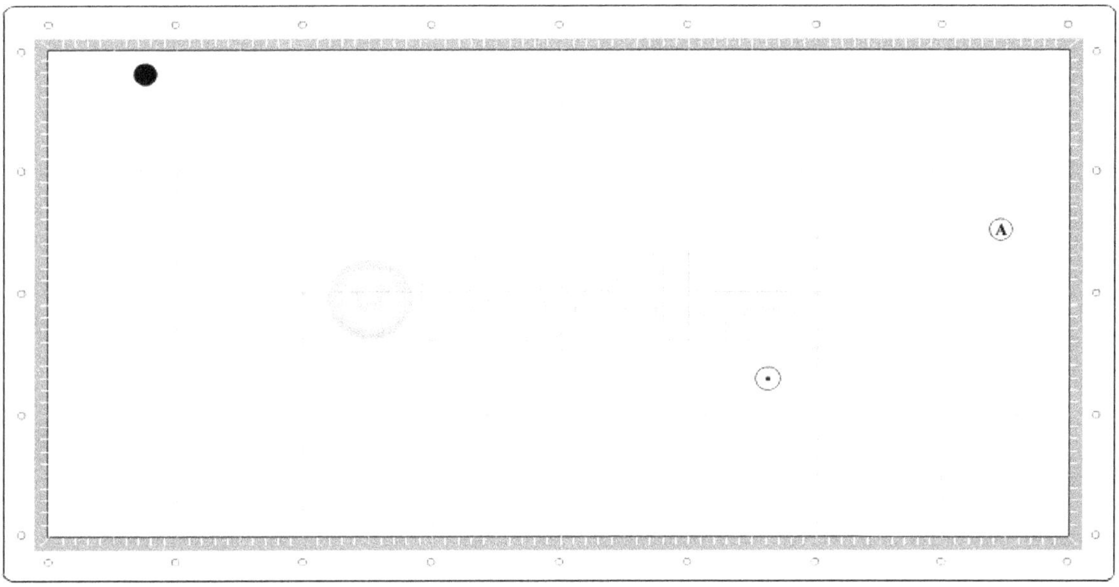

Note e idee:

Modello di colpo

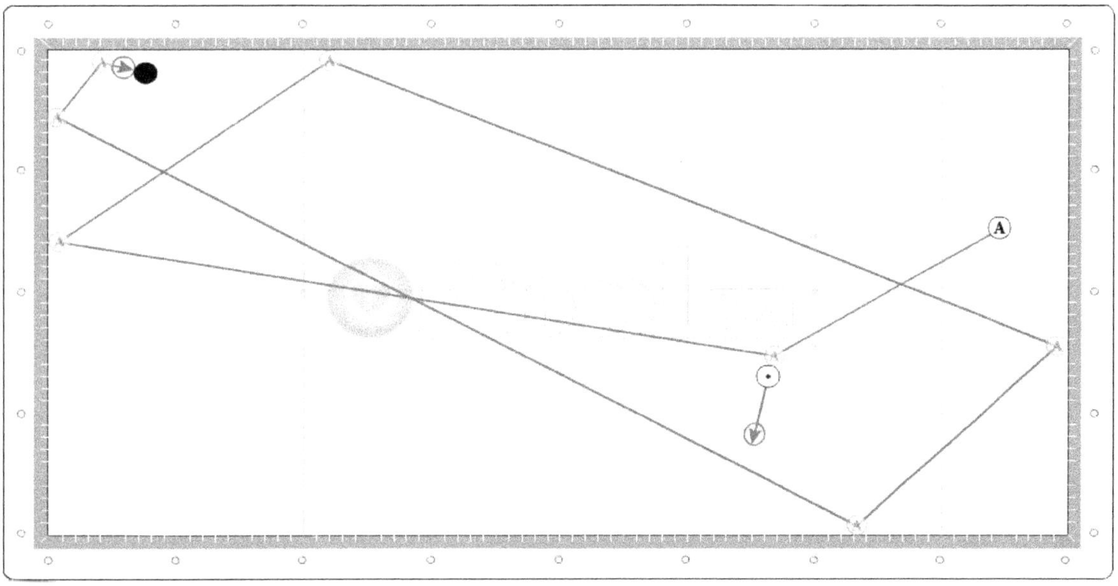

D: Gruppo 2

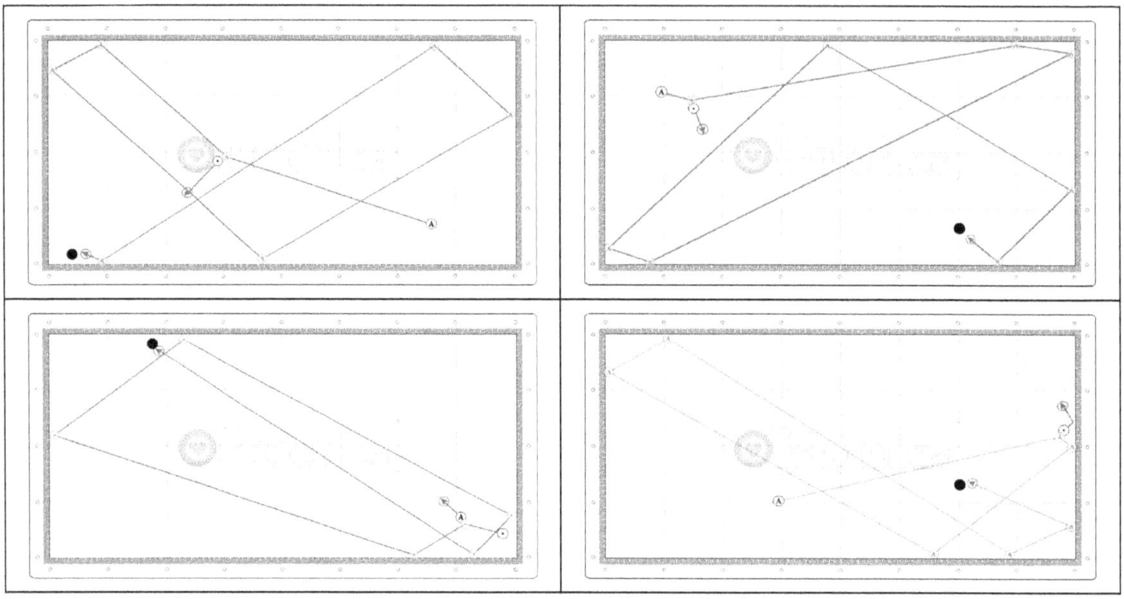

Analisi:

D:2a.

D:2b.

D:2c.

D:2d.

D:2a – Setup

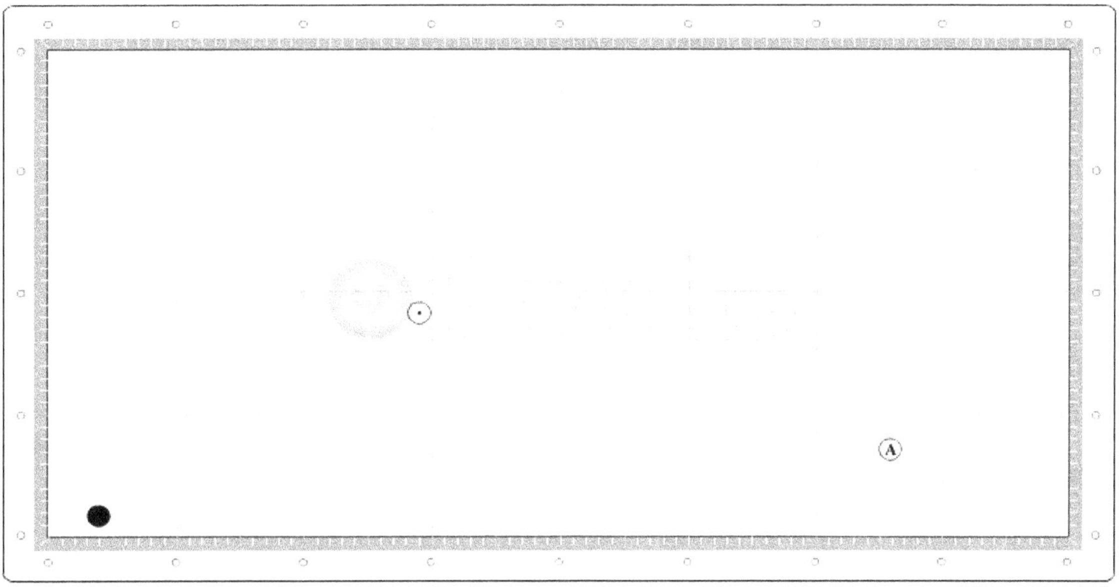

Note e idee:

Modello di colpo

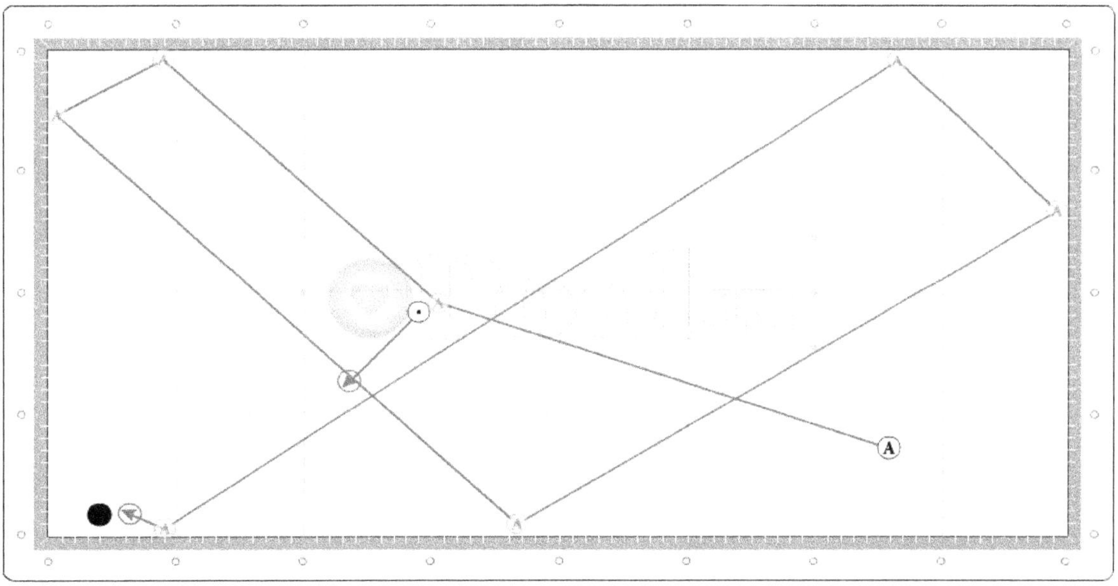

D:2b – Setup

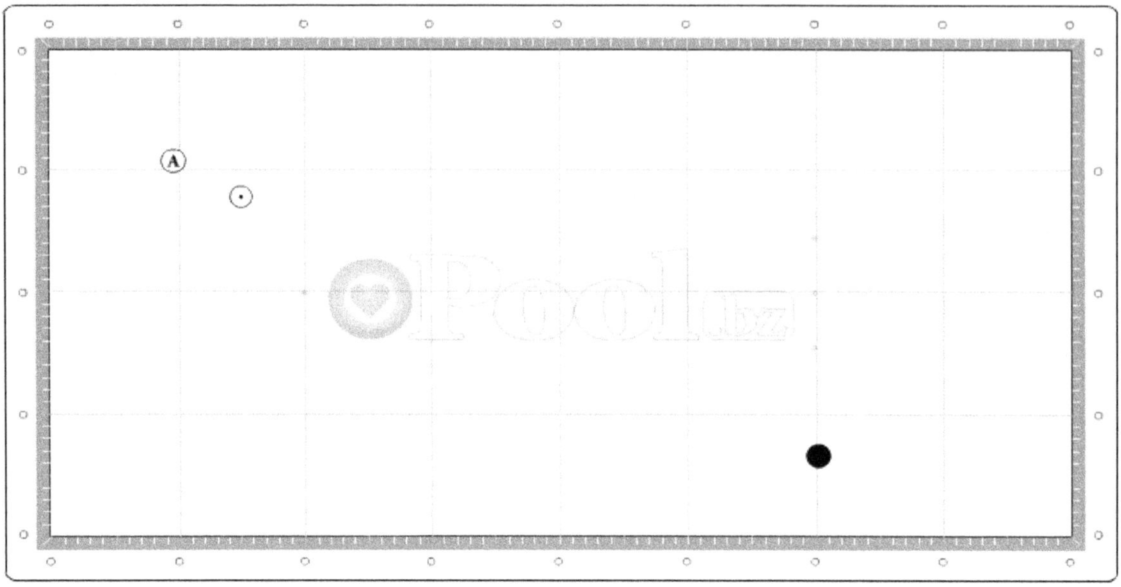

Note e idee:

Modello di colpo

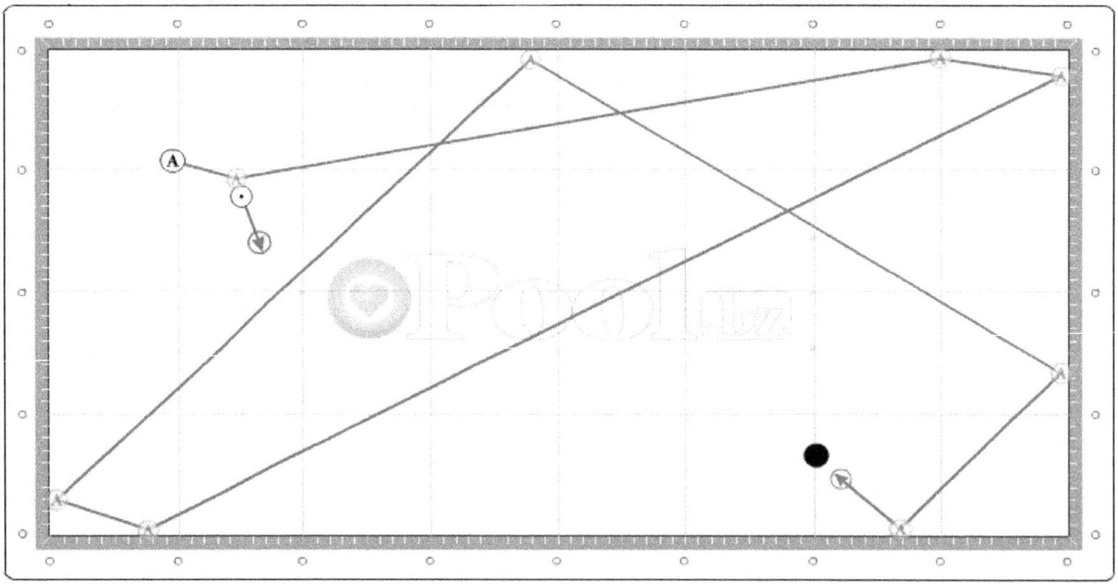

D:2c – Setup

Note e idee:

Modello di colpo

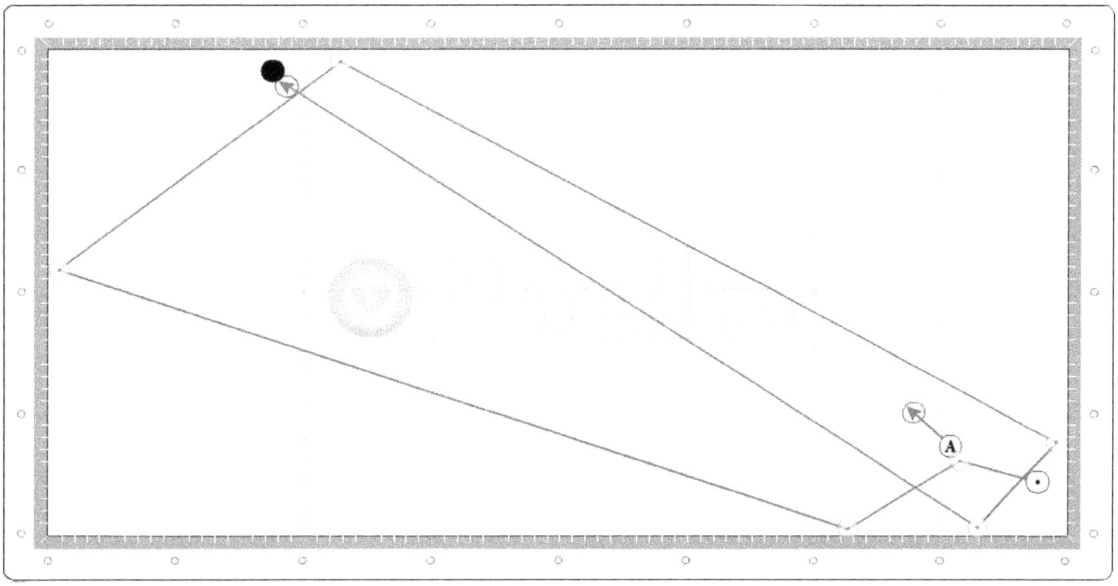

D:2d – Setup

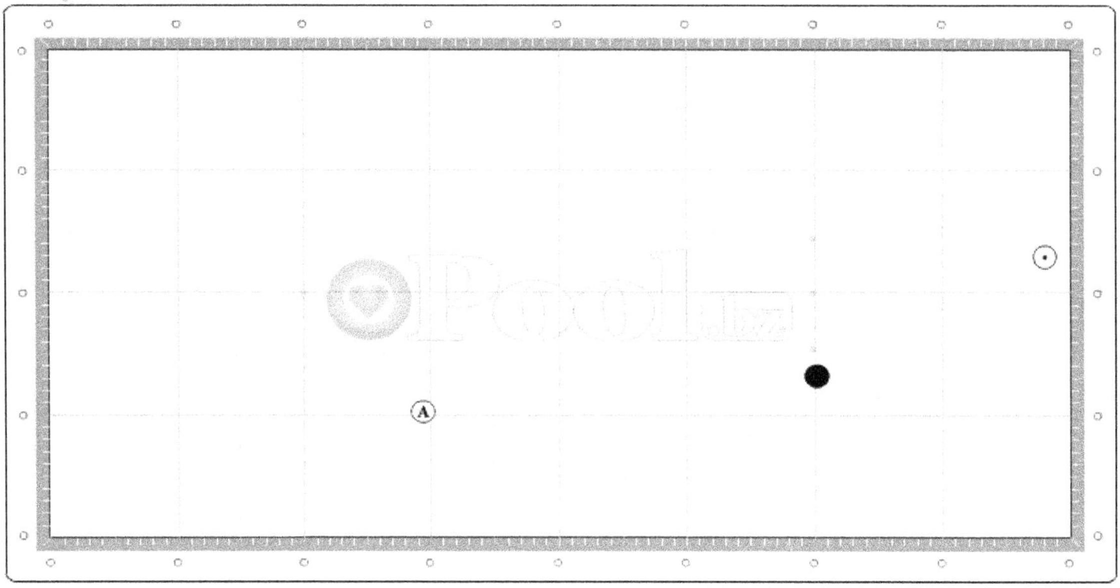

Note e idee:

Modello di colpo

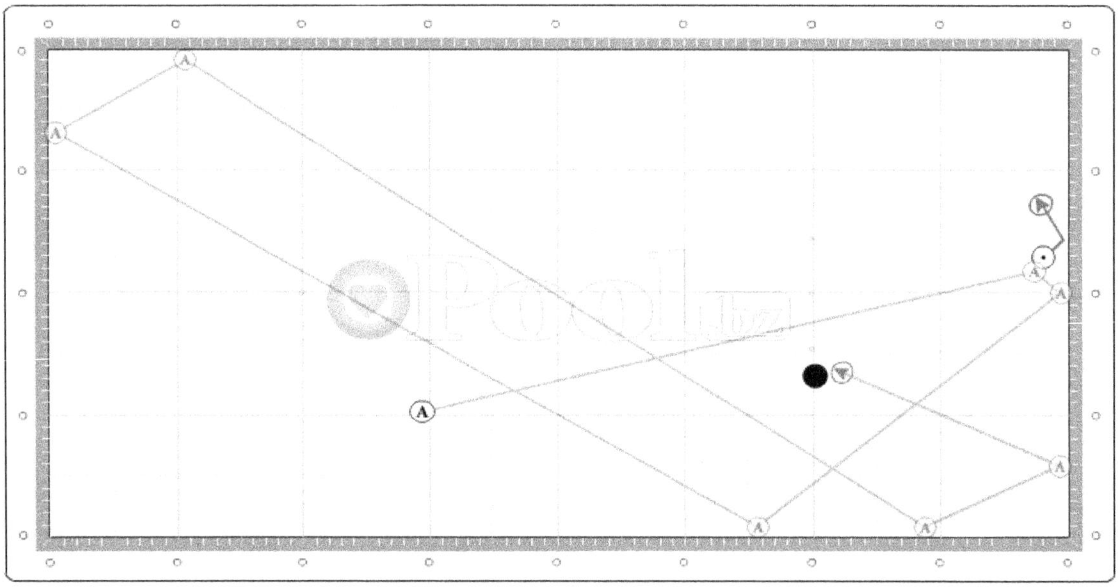

D: Gruppo 3

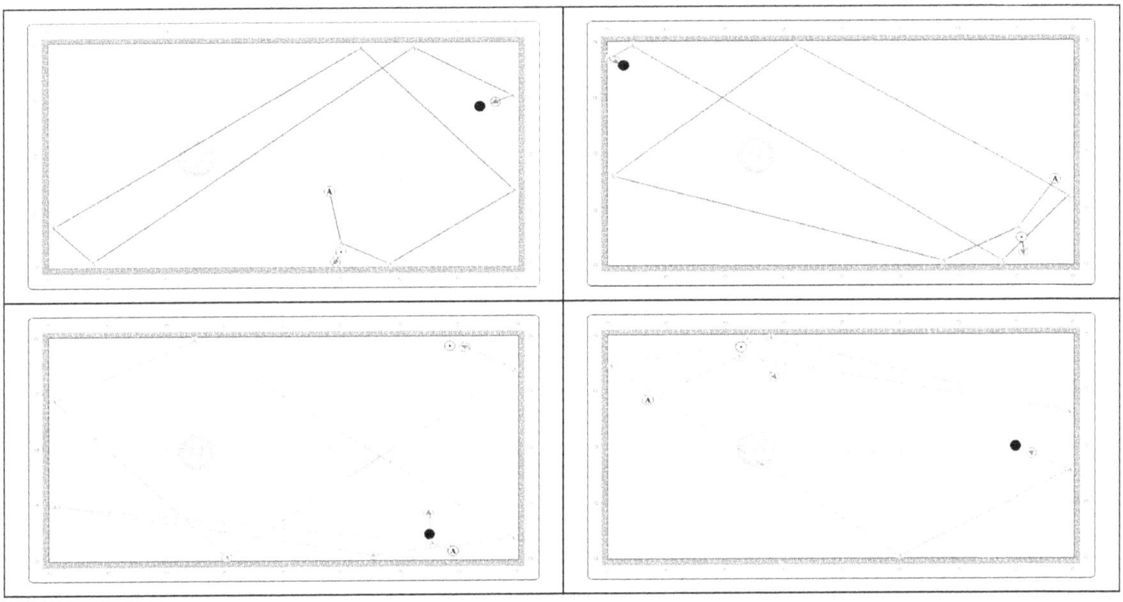

Analisi:

D:3a. ____

D:3b. ____

D:3c. ____

D:3d. ____

D:3a – Setup

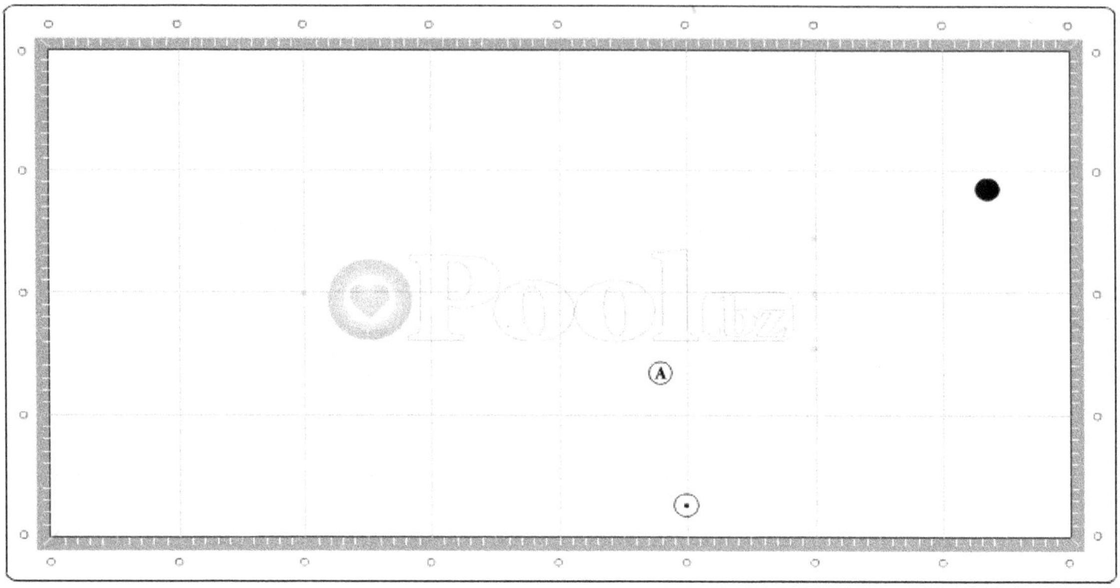

Note e idee:

Modello di colpo

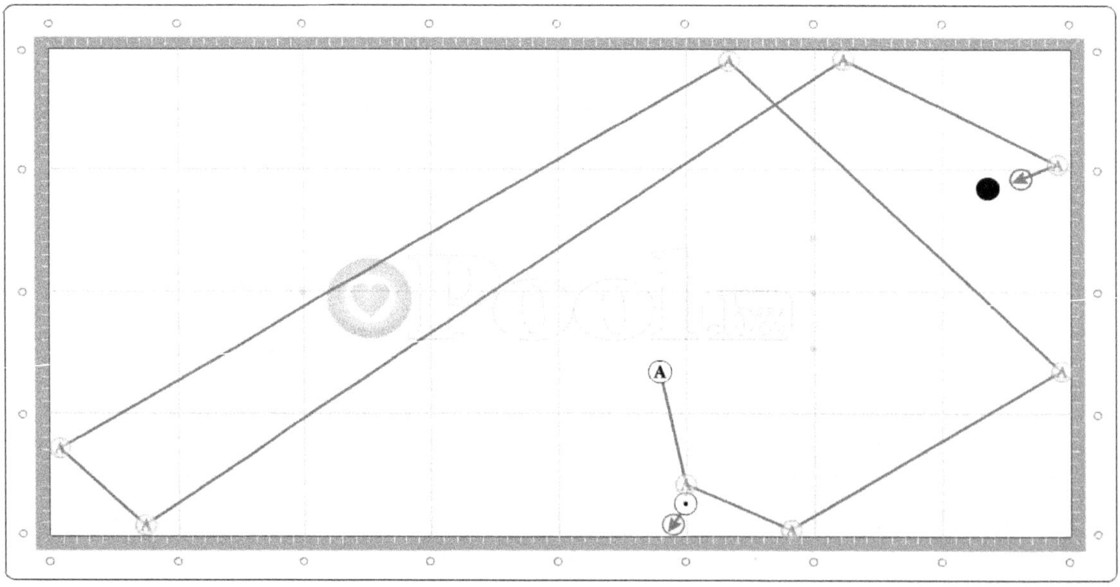

D:3b – Setup

Note e idee:

Modello di colpo

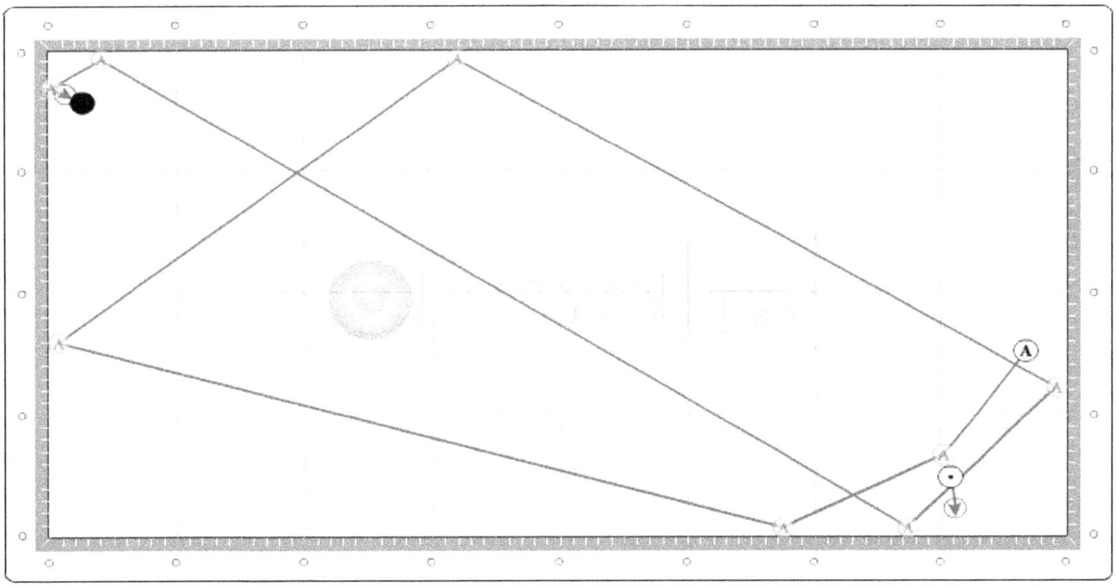

D:3c – Setup

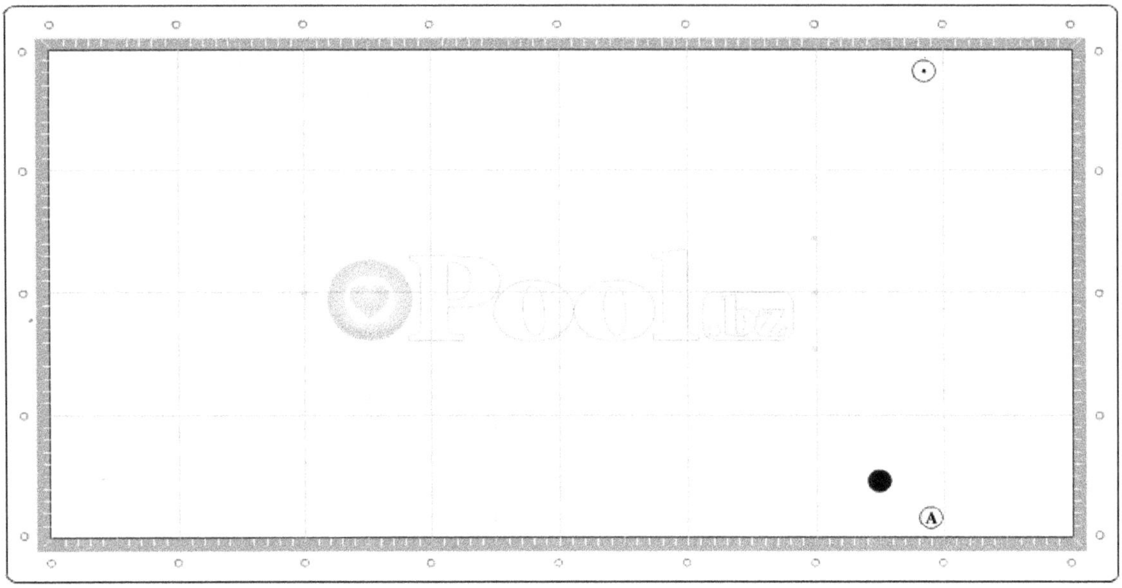

Note e idee:

Modello di colpo

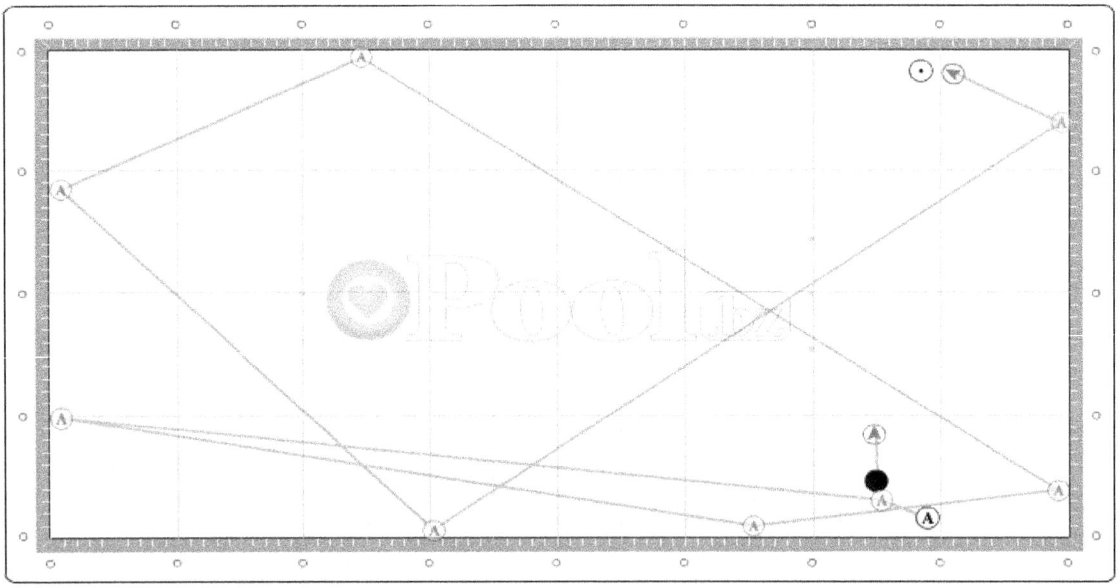

D:3d – Setup

Note e idee:

Modello di colpo

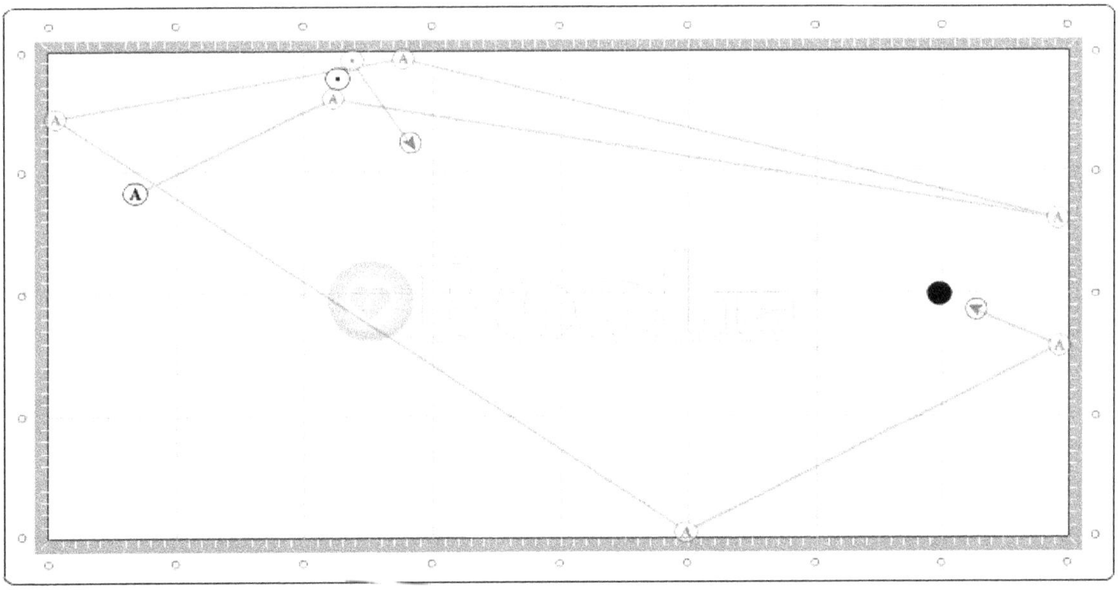

D: Gruppo 4

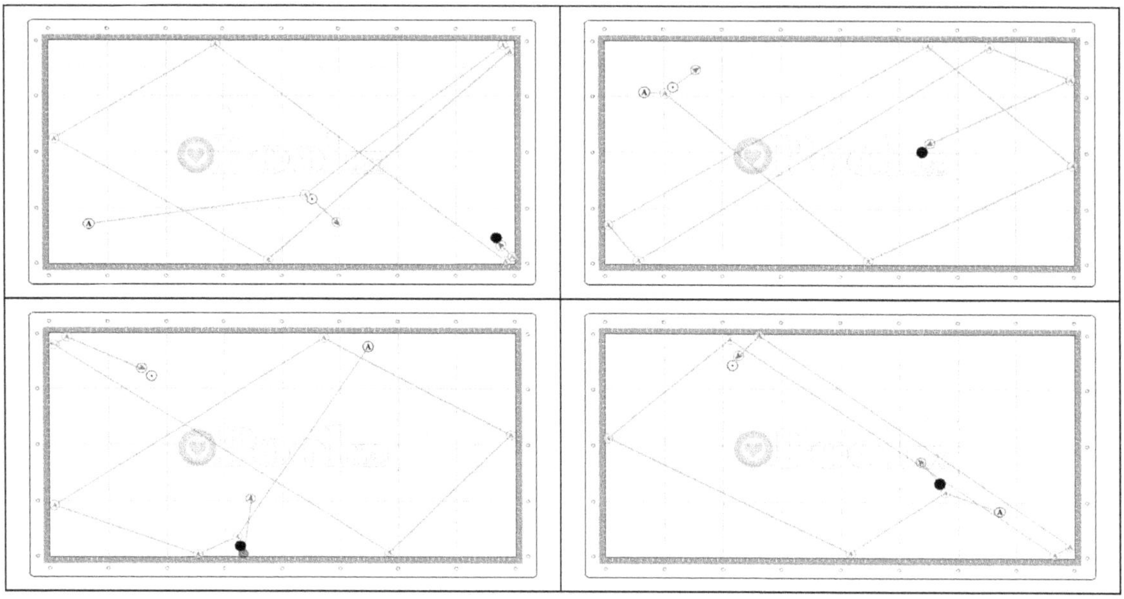

Analisi:

D:4a. ____

D:4b. ____

D:4c. ____

D:4d. ____

D:4a – Setup

Note e idee:

Modello di colpo

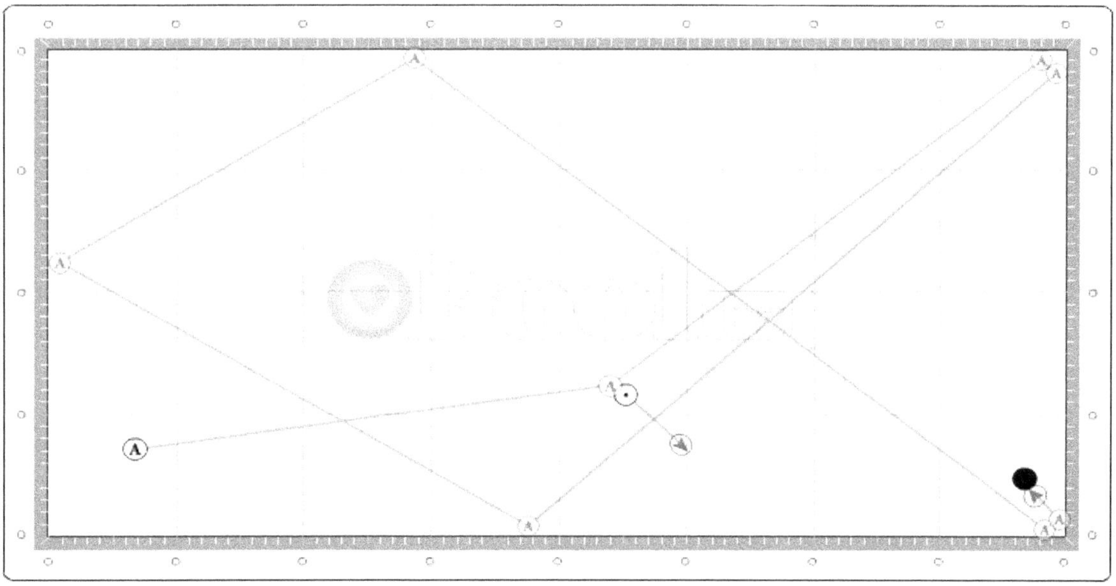

D:4b – Setup

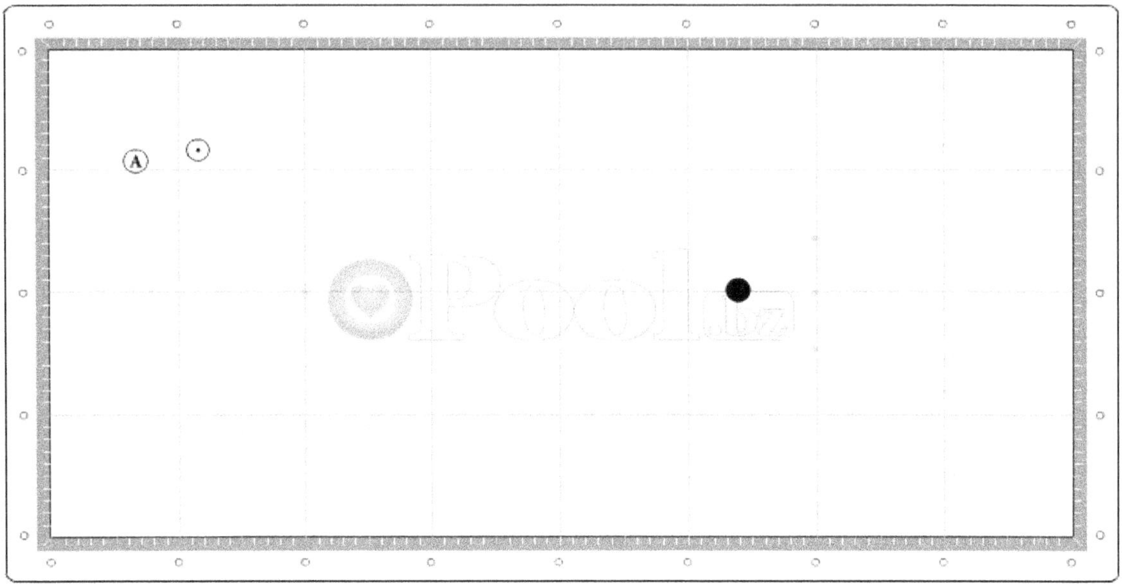

Note e idee:

Modello di colpo

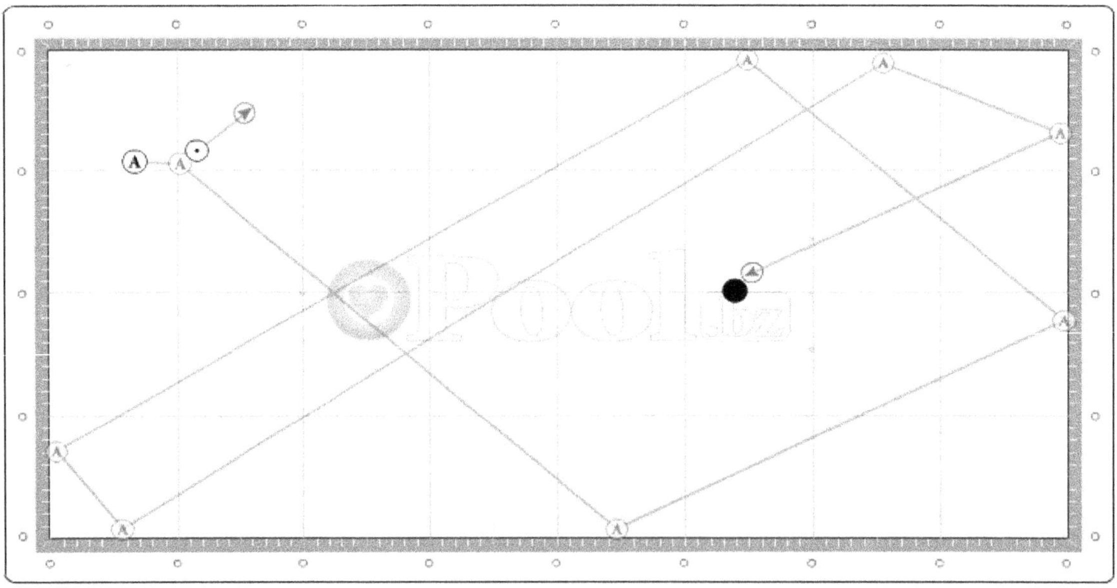

D:4c – Setup

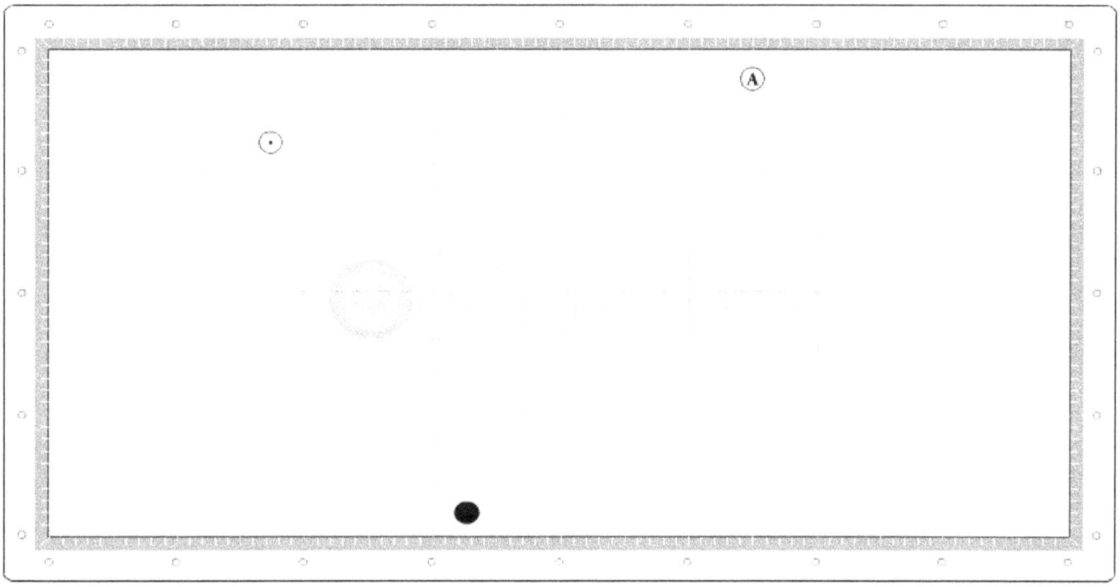

Note e idee:

Modello di colpo

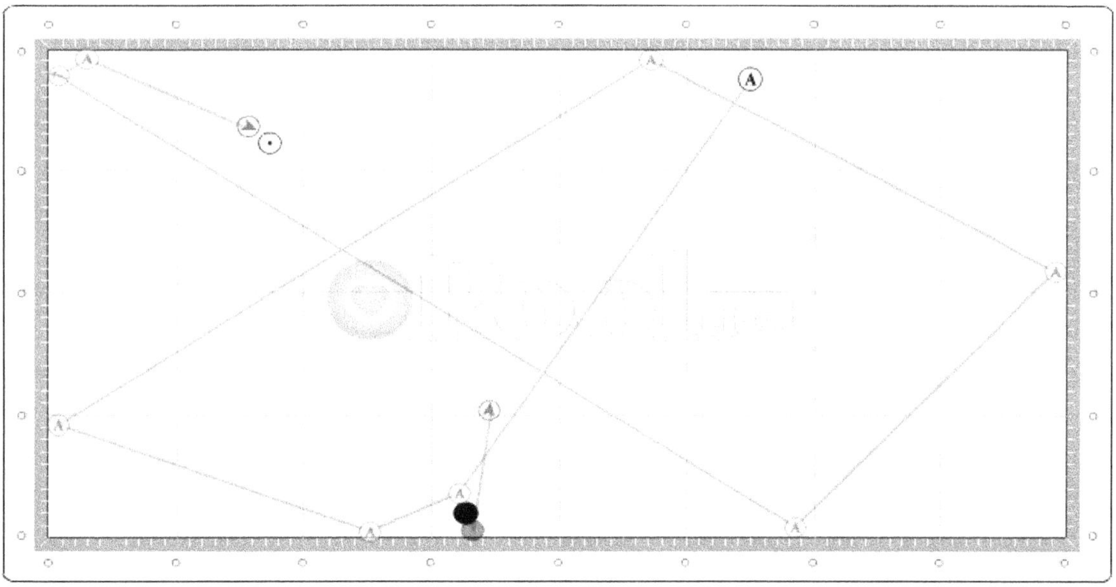

D:4d – Setup

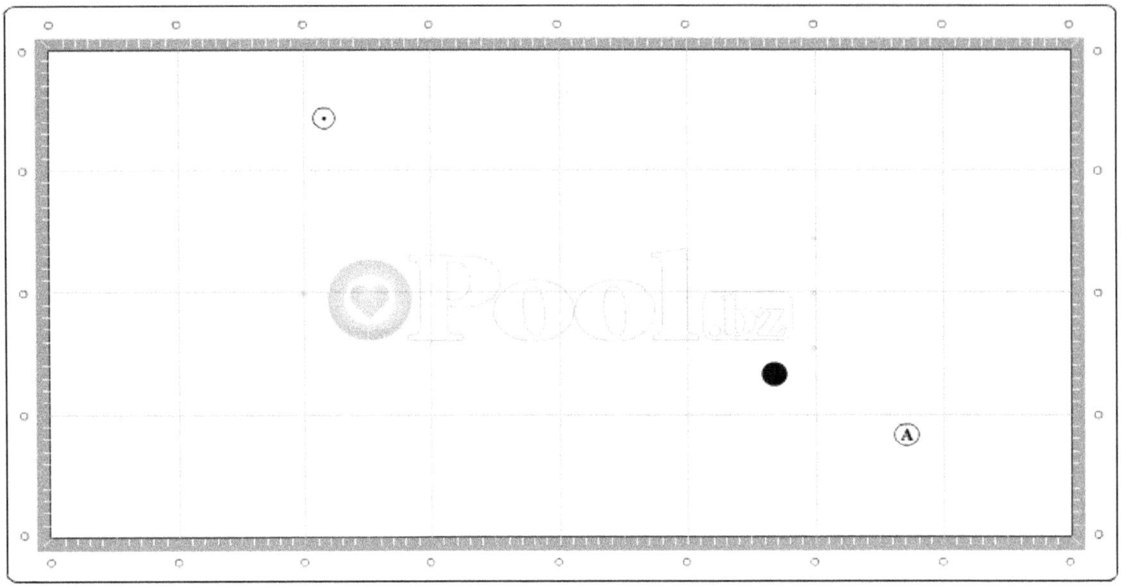

Note e idee:

Modello di colpo

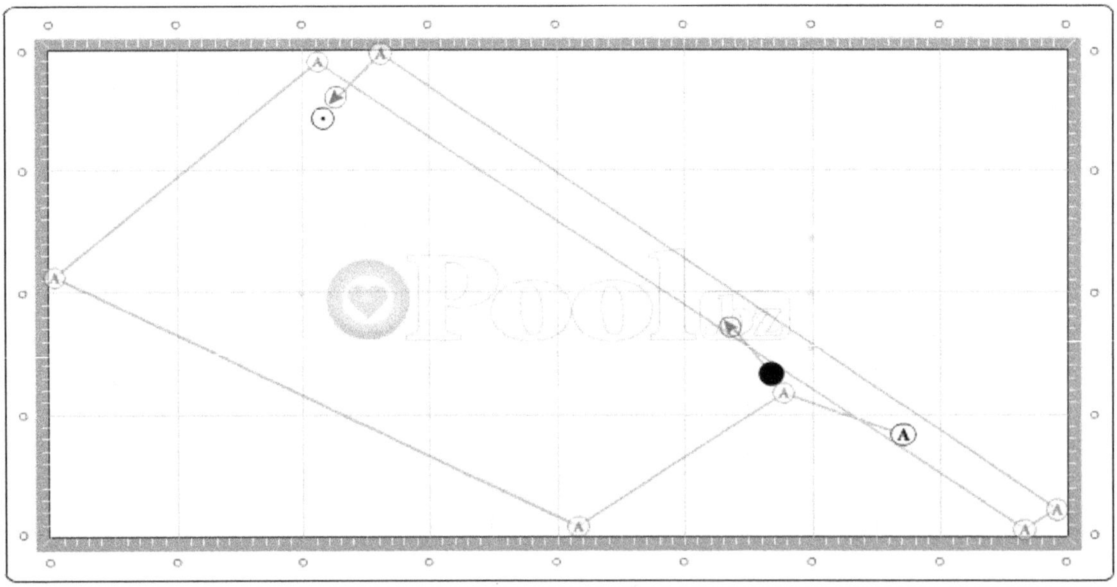

E: Percorsi paralleli

La (CB) va da un angolo ad un altro, e torna alla prima curva. Il pattern (CB) è su una linea parallela allo schema in entrata.

(CB) (la tua palla) - (OB) (palla dell'avversario) - (OB) (palla rossa)

E: Gruppo 1

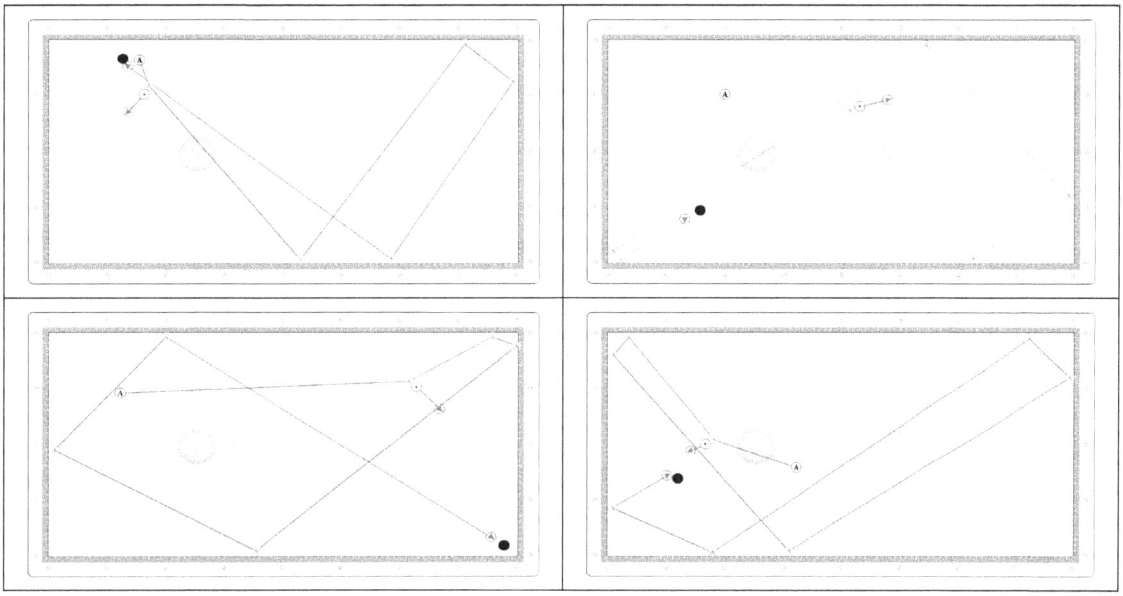

Analisi:

E:1a. ____

E:1b. ____

E:1c. ____

E:1d. ____

E:1a – Setup

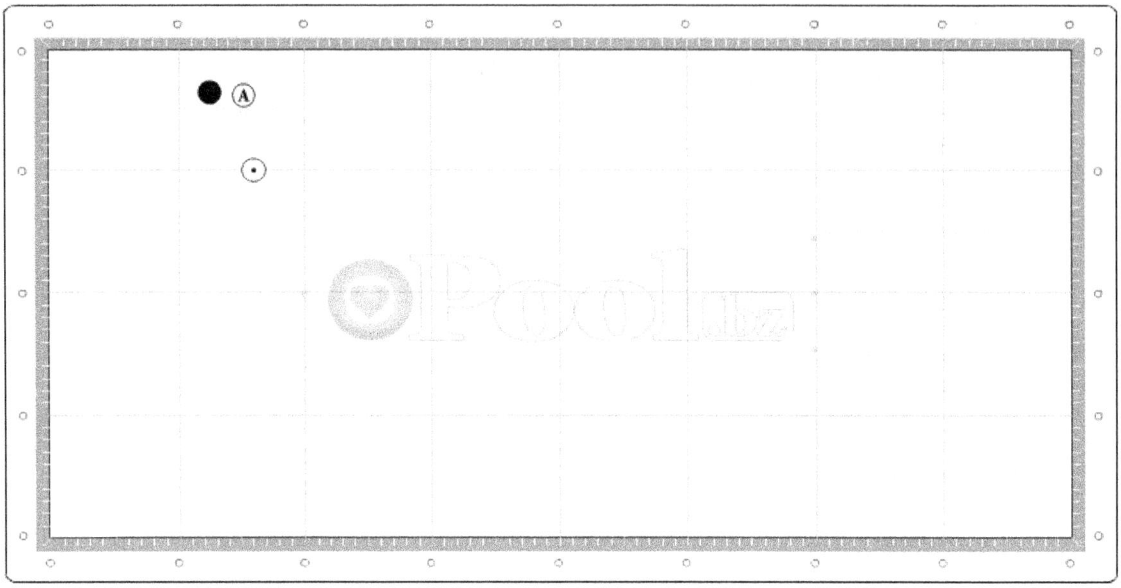

Note e idee:

Modello di colpo

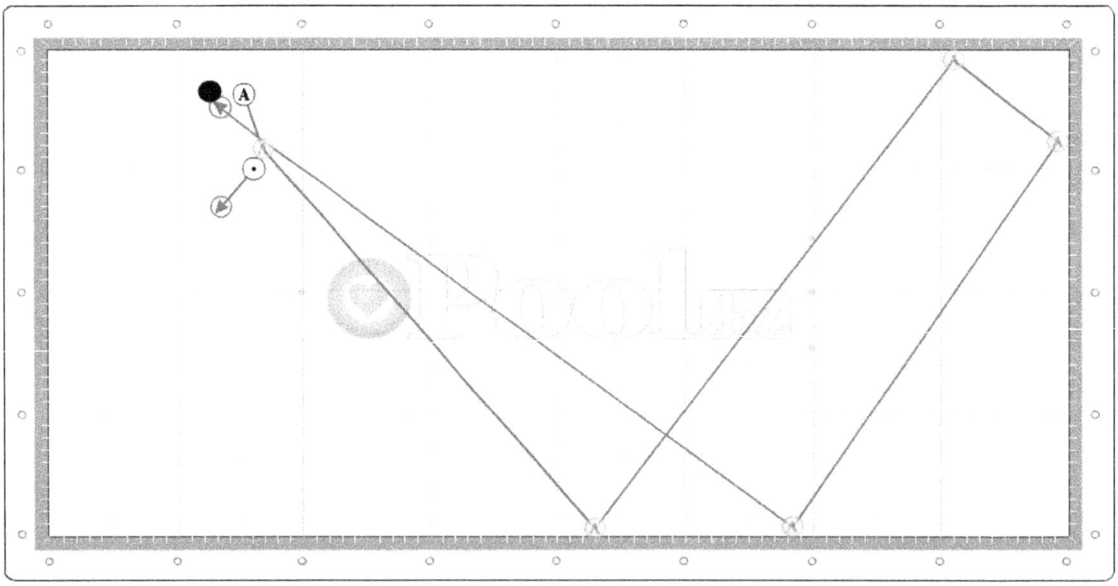

E:1b – Setup

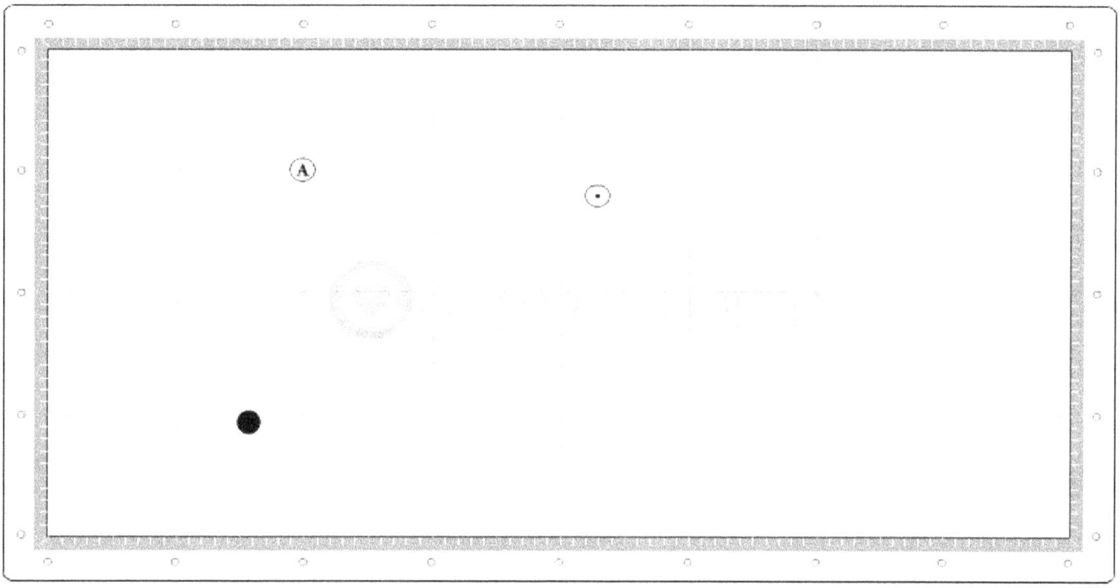

Note e idee:

Modello di colpo

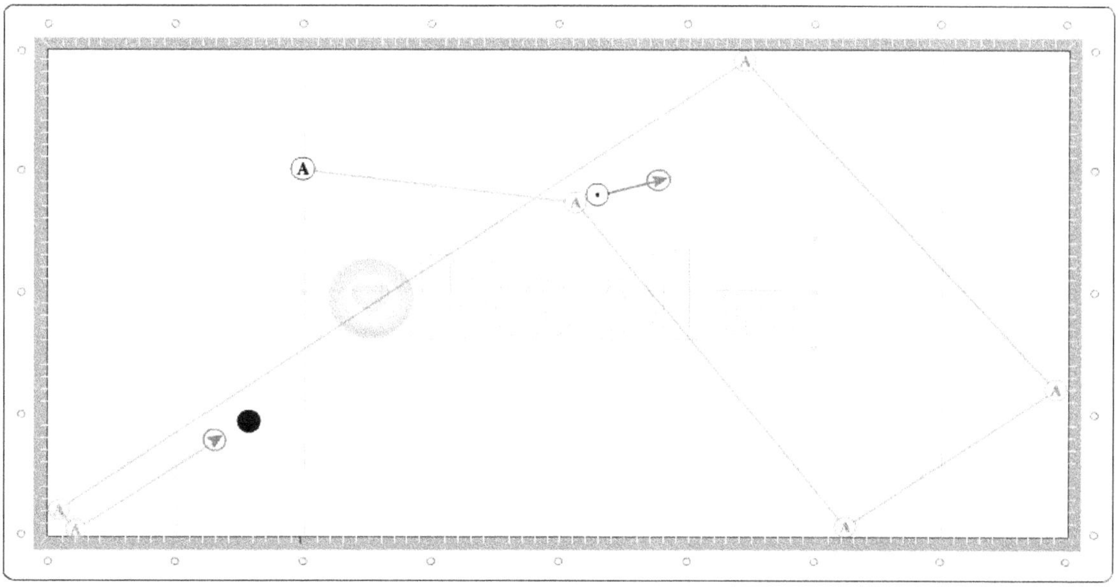

E:1c – Setup

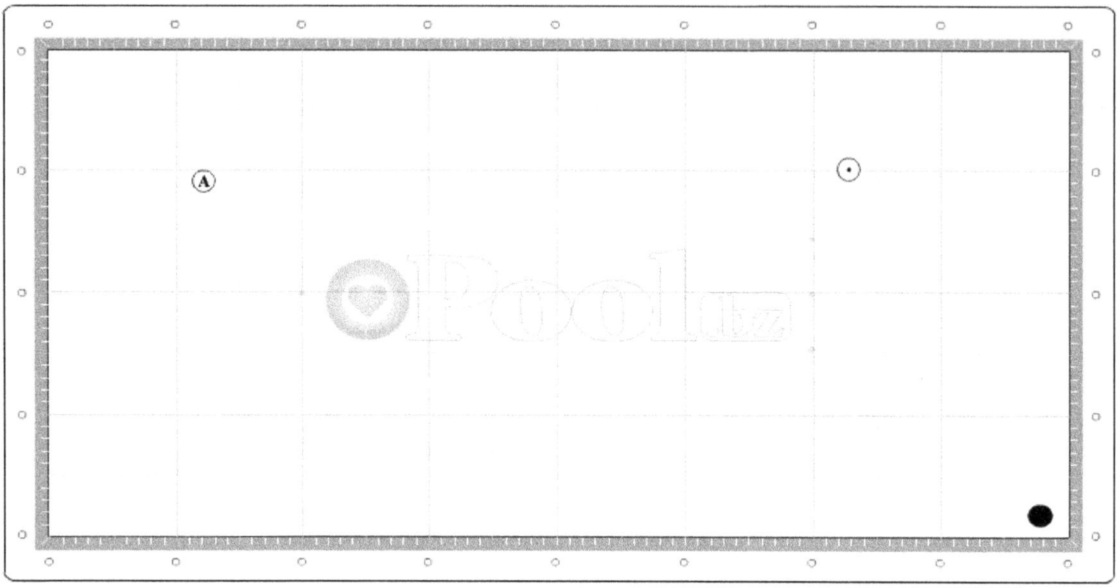

Note e idee:

Modello di colpo

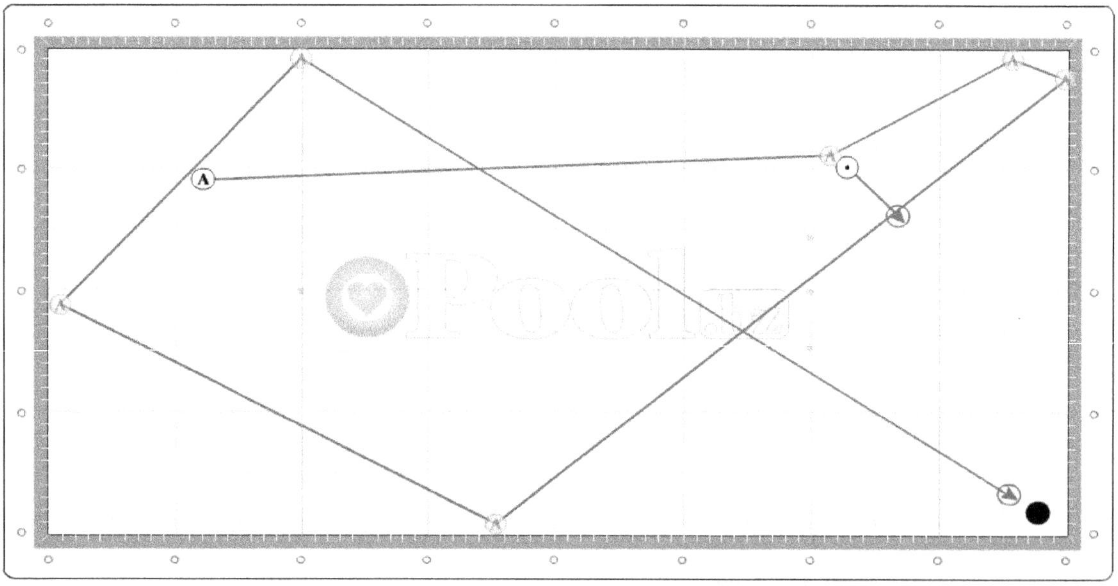

E:1d – Setup

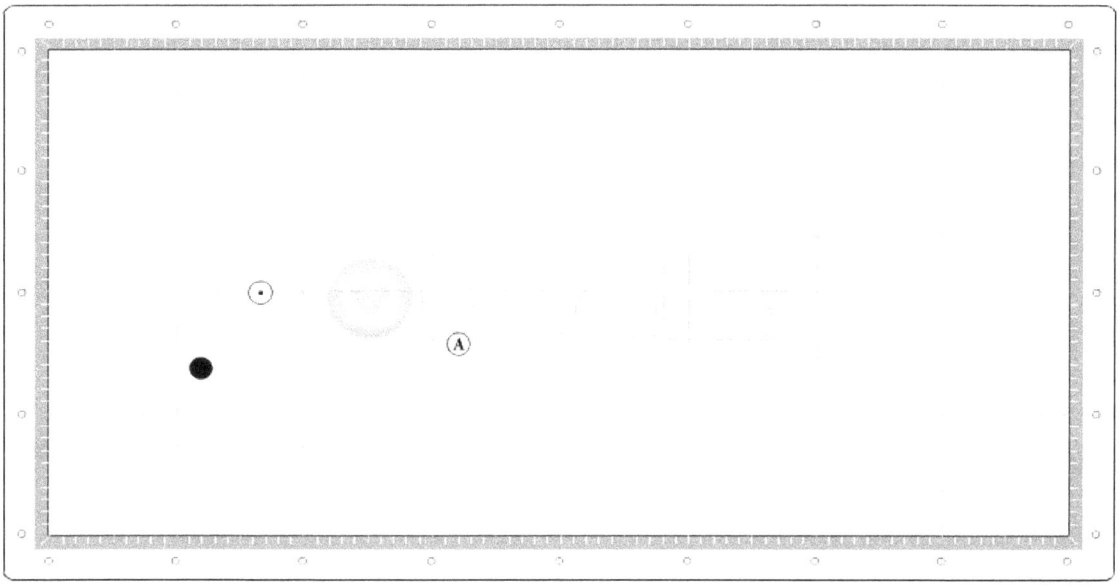

Note e idee:

Modello di colpo

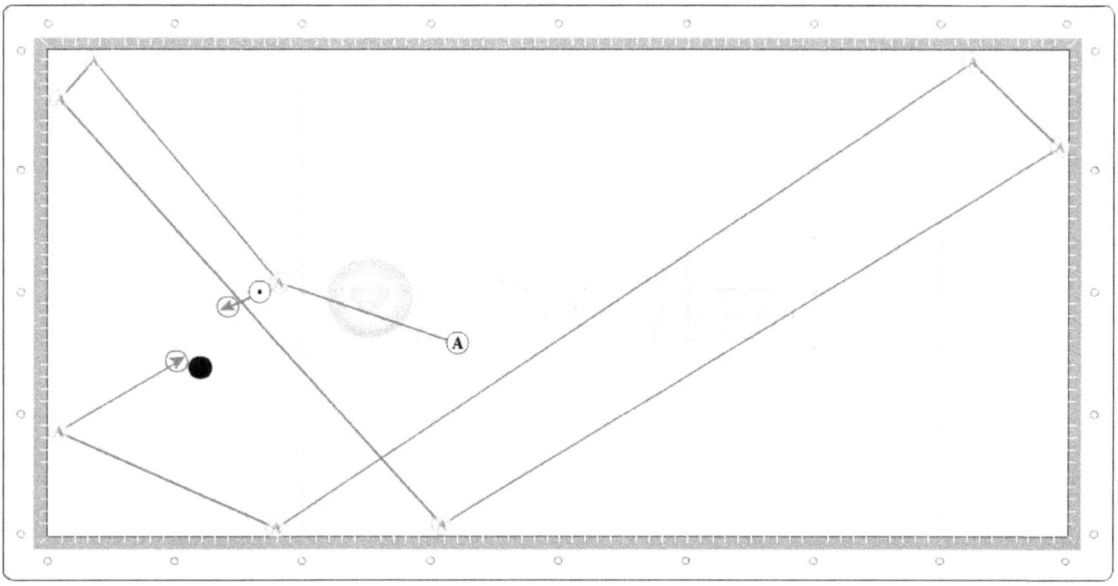

E: Gruppo 2

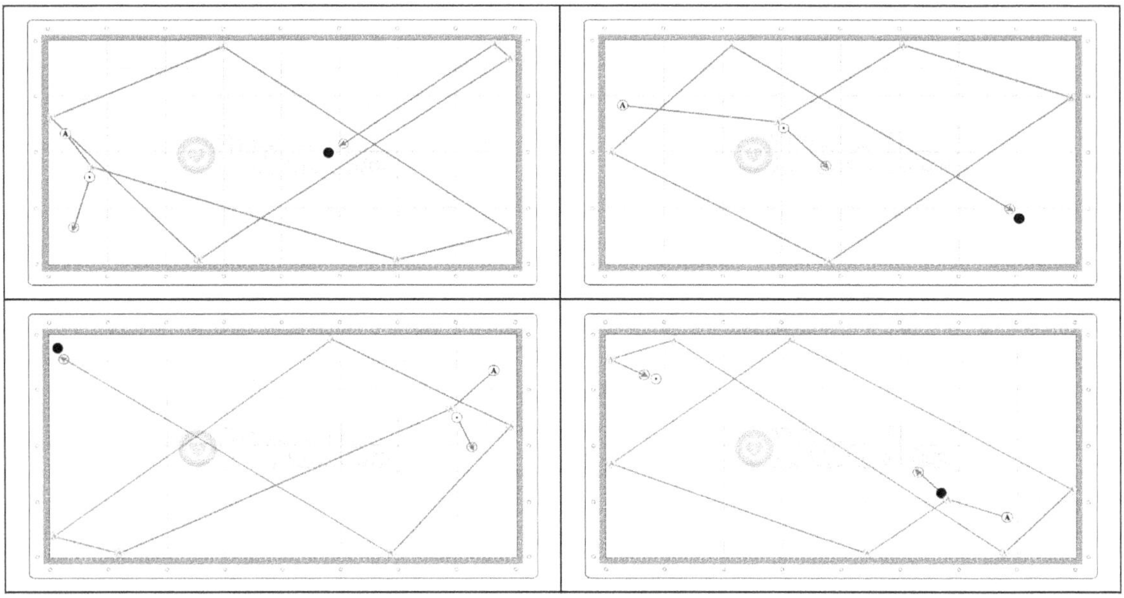

Analisi:

E:2a.

E:2b.

E:2c.

E:2d.

E:2a – Setup

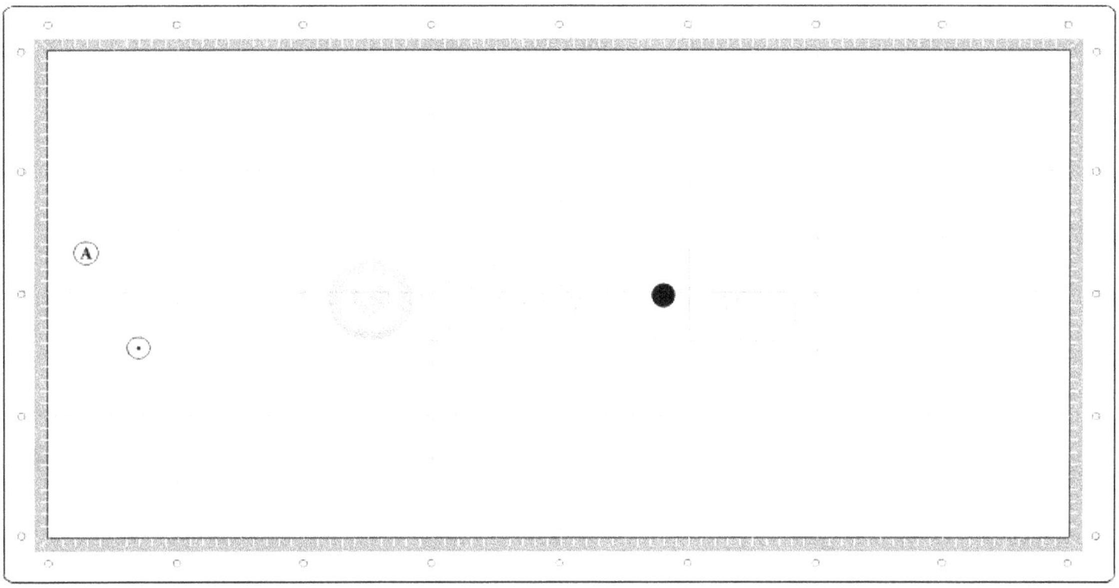

Note e idee:

Modello di colpo

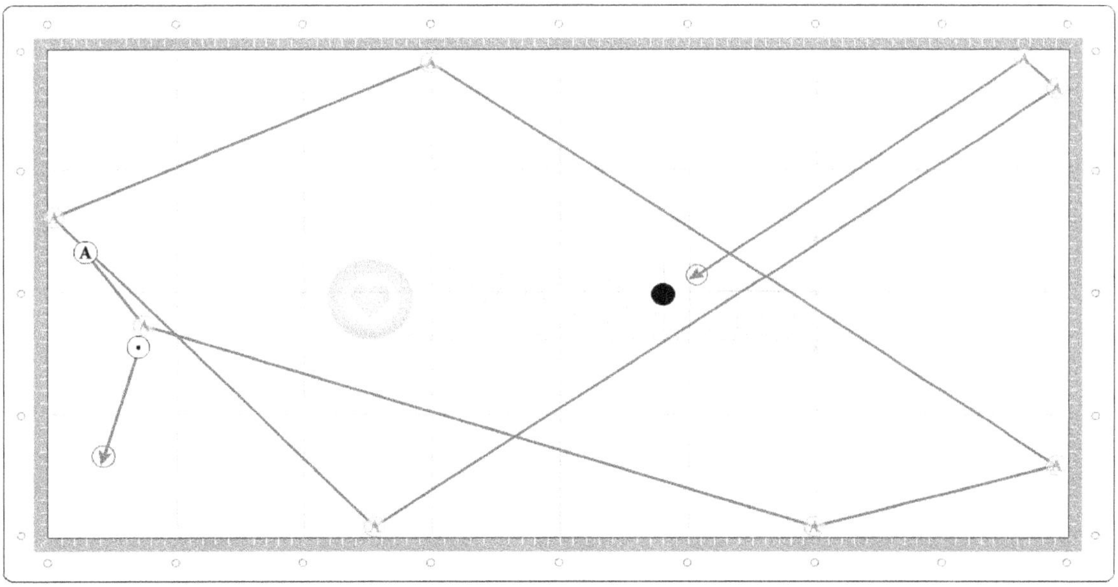

E:2b – Setup

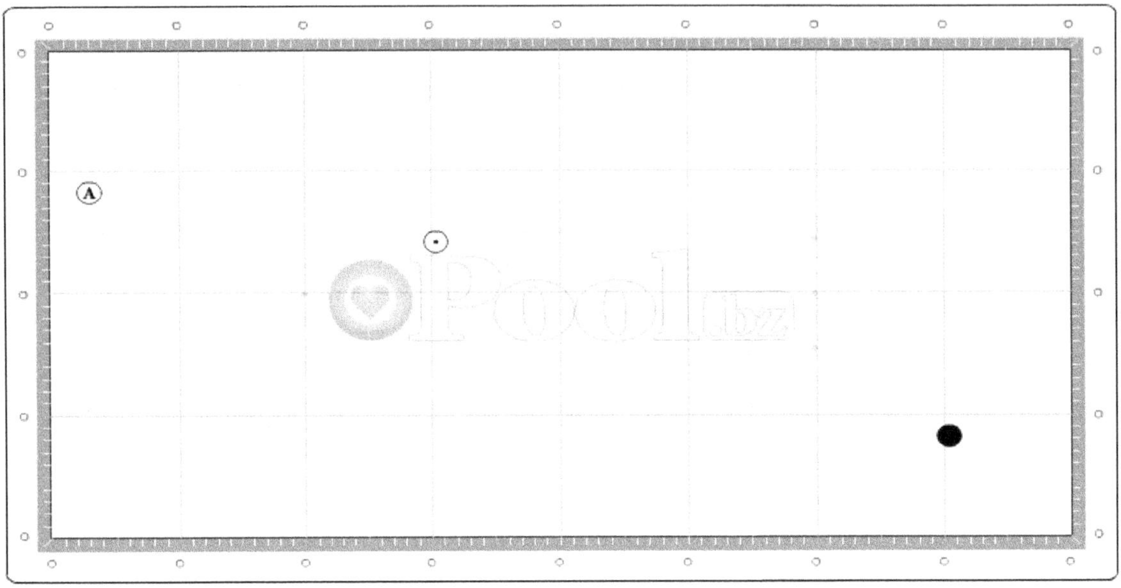

Note e idee:

Modello di colpo

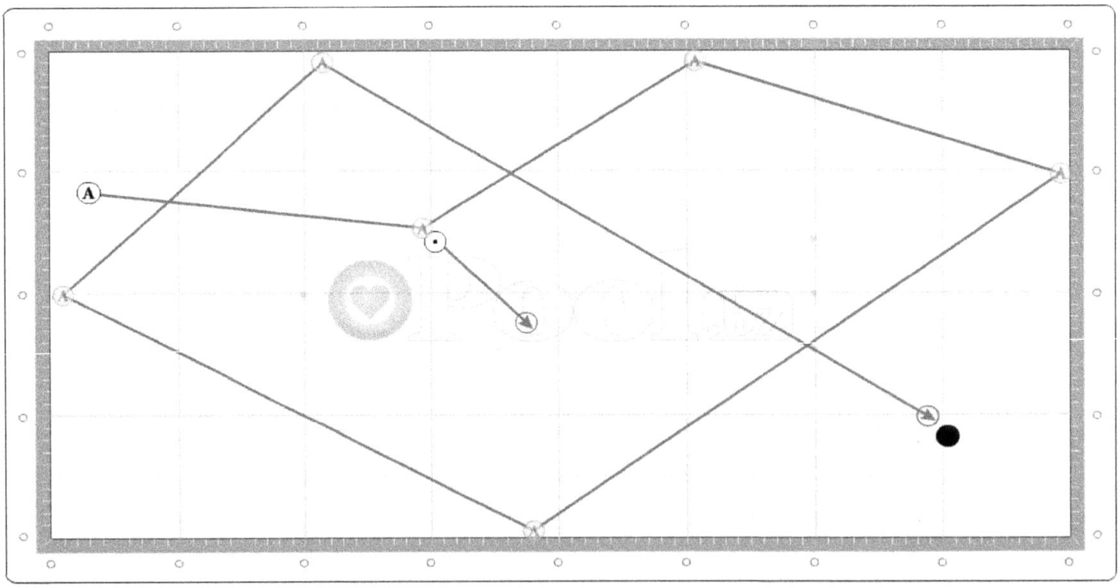

E:2c – Setup

Note e idee:

Modello di colpo

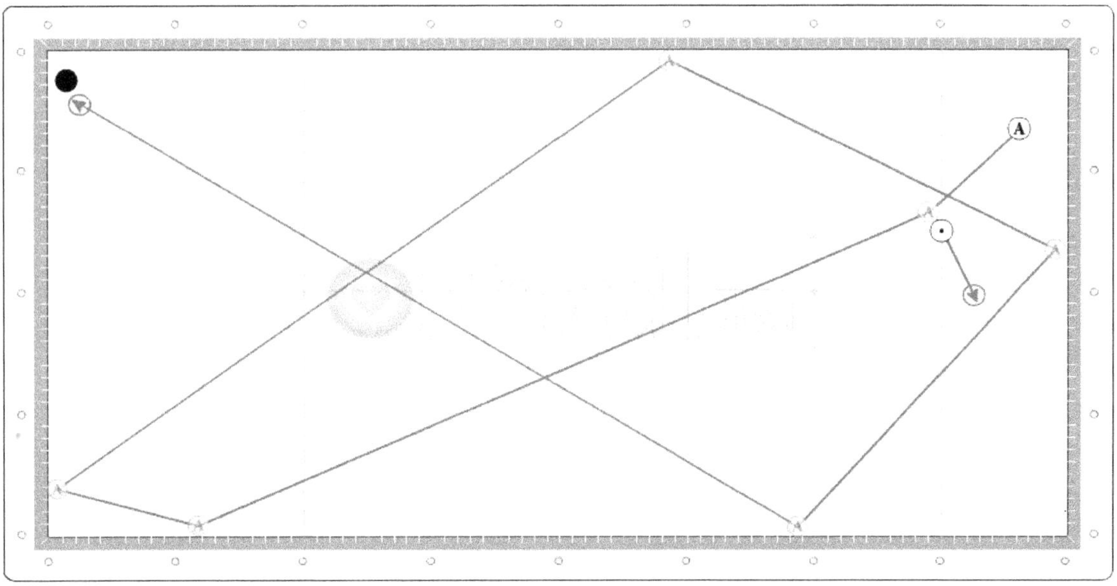

E:2d – Setup

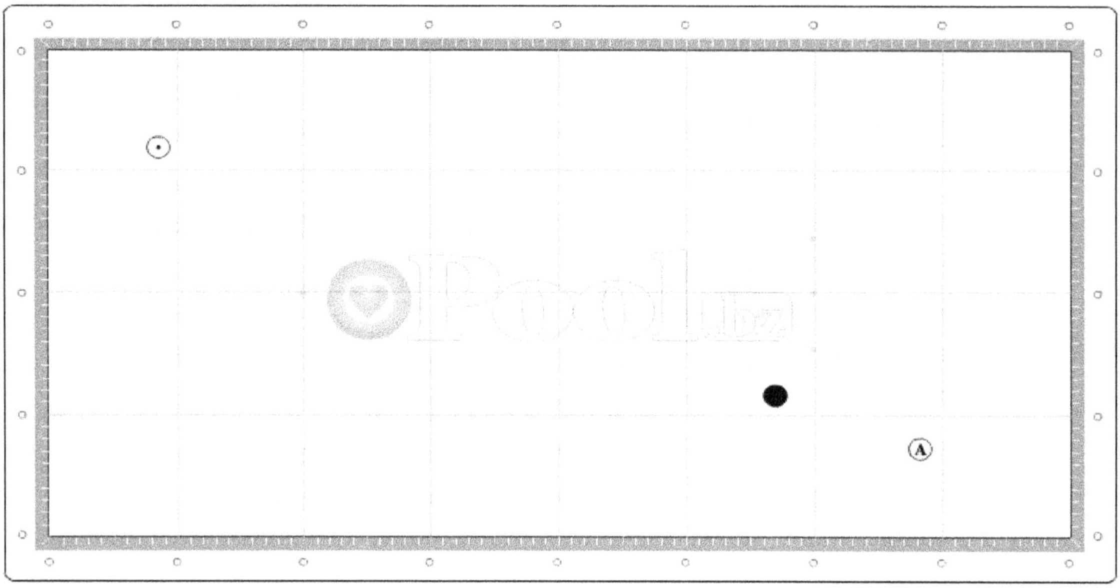

Note e idee:

Modello di colpo

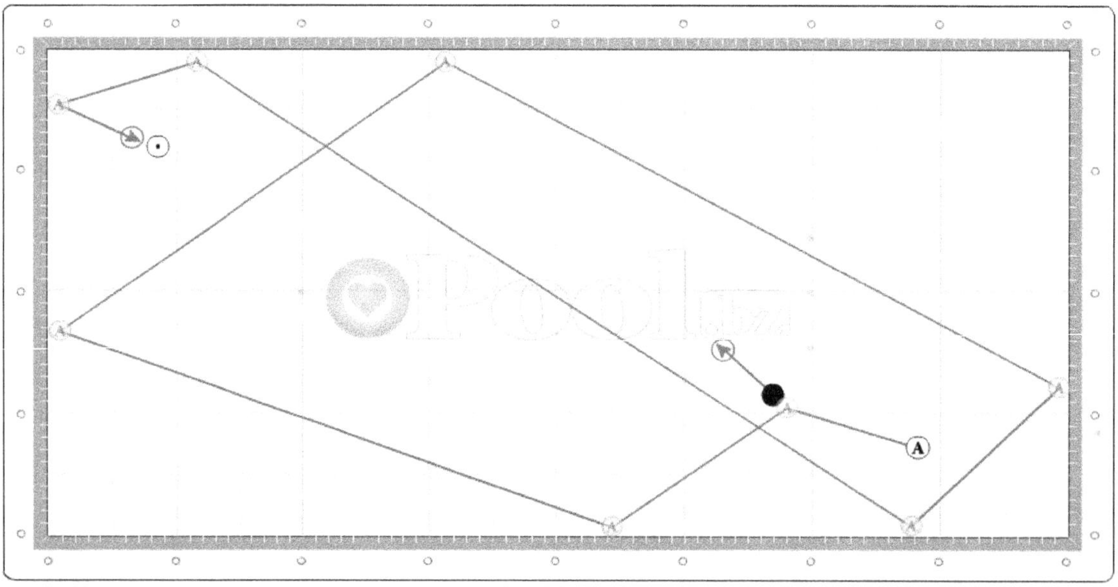

F: Divertente e interessante

Queste situazioni mostrano la forte immaginazione del giocatore professionista. Ma, a volte, il punteggio è semplicemente una questione di fortuna, di fronte a configurazioni insolite.

(A) (CB) (la tua palla) - (•) (OB) (palla dell'avversario) - ● (OB) (palla rossa)

F: Gruppo 1

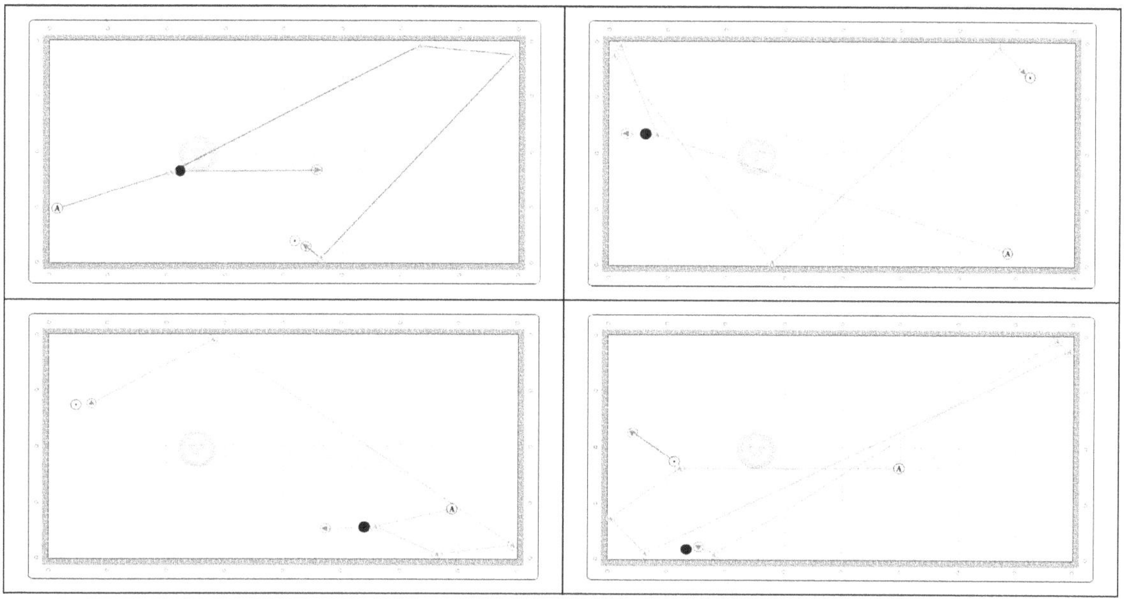

Analisi:

F:1a. ____________________

F:1b. ____________________

F:1c. ____________________

F:1d. ____________________

F:1a – Setup

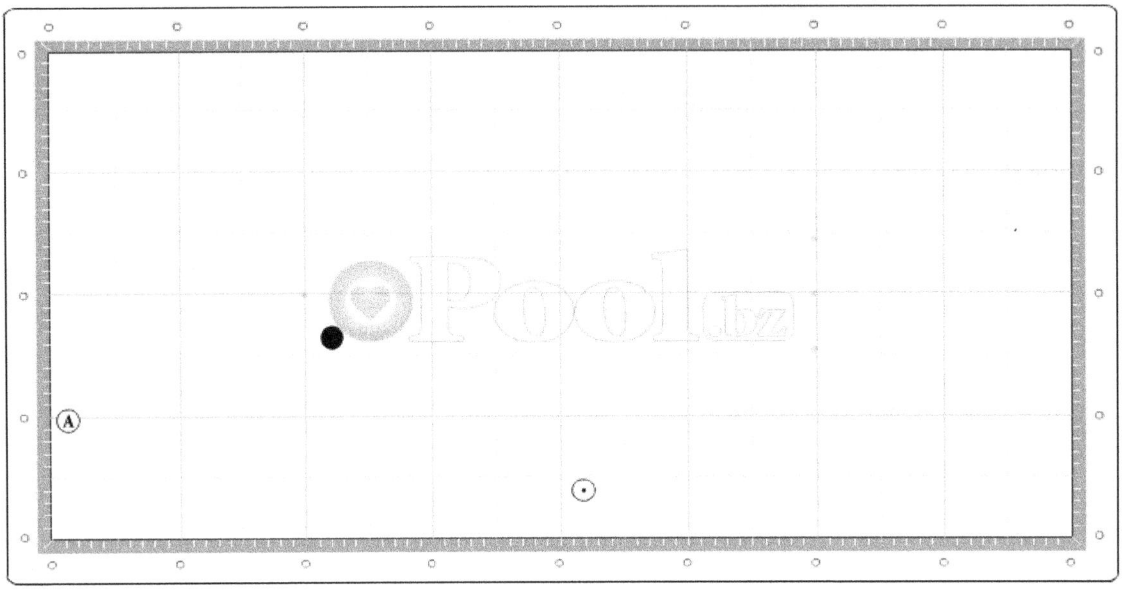

Note e idee:

Modello di colpo

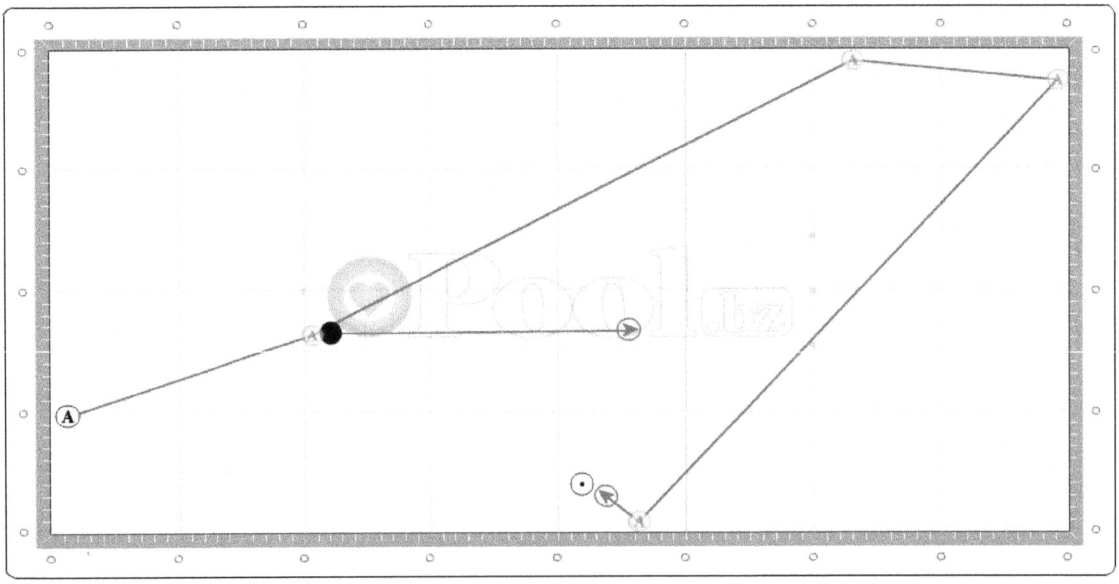

F:1b – Setup

Note e idee:

Modello di colpo

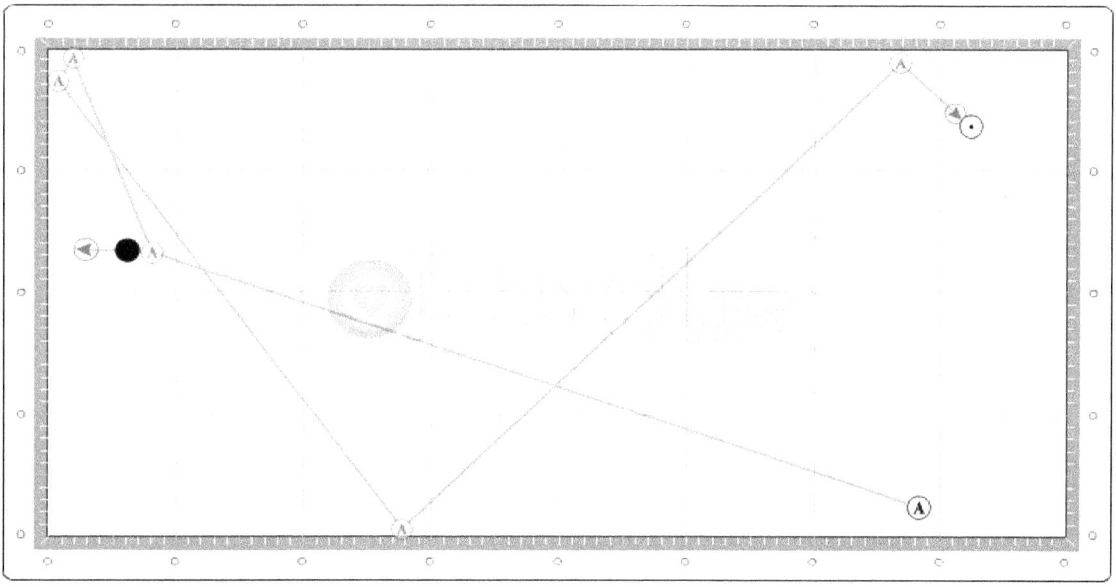

F:1c – Setup

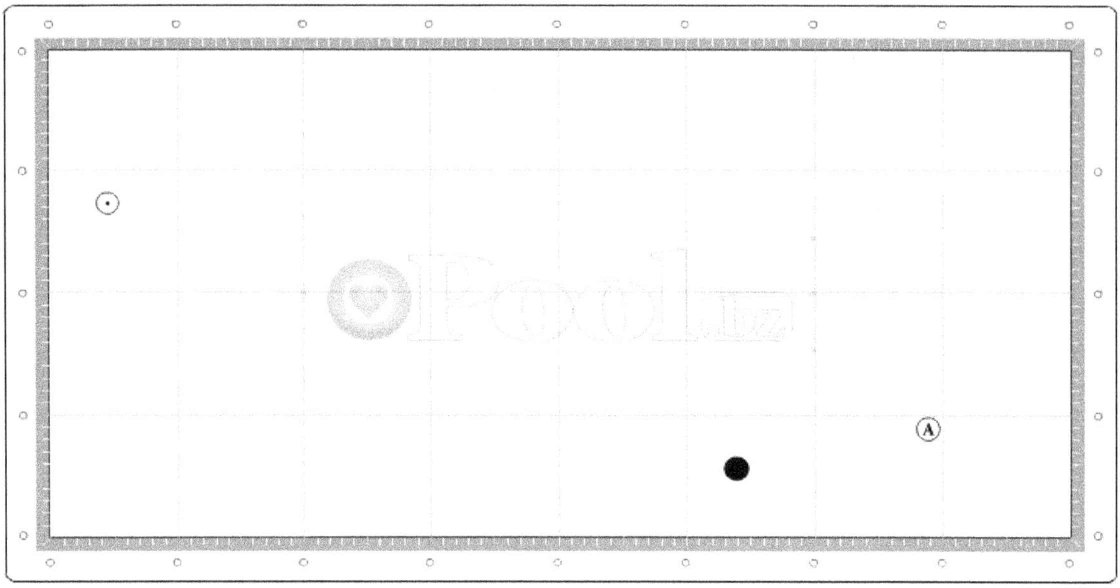

Note e idee:

Modello di colpo

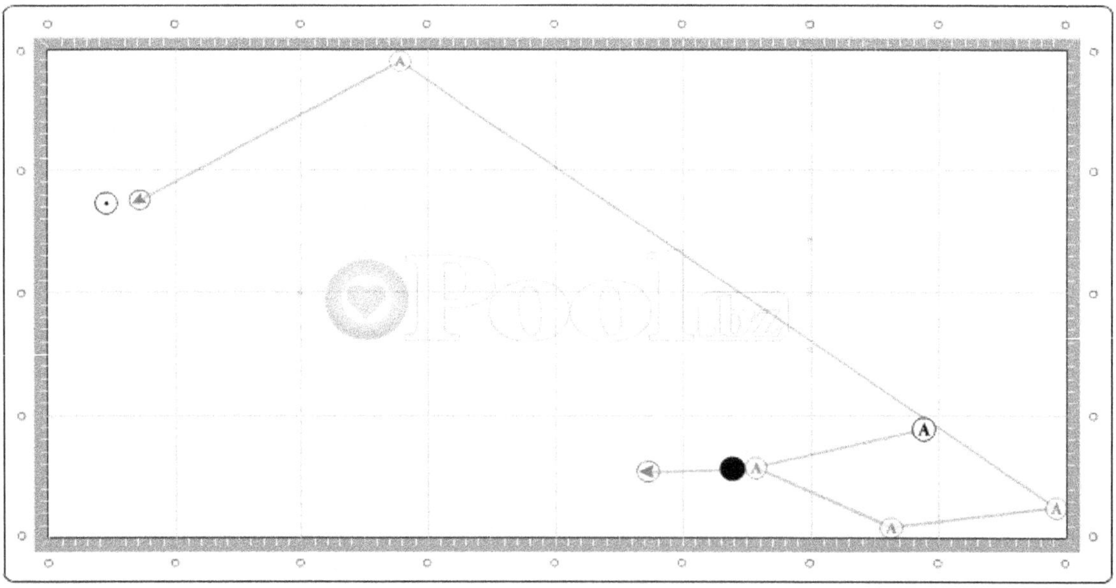

F:1d – Setup

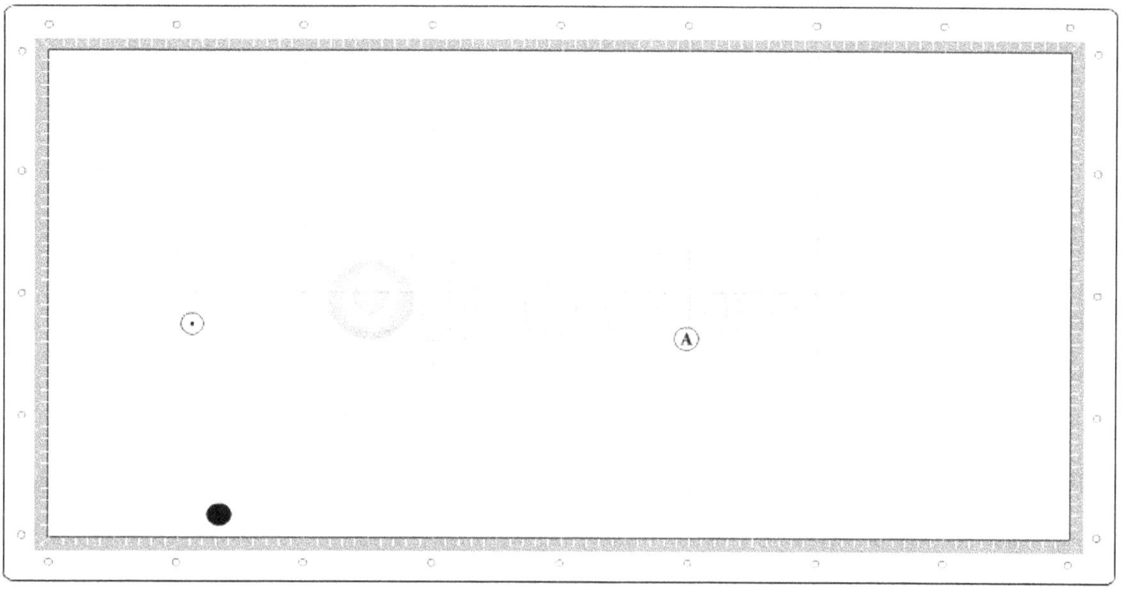

Note e idee:

Modello di colpo

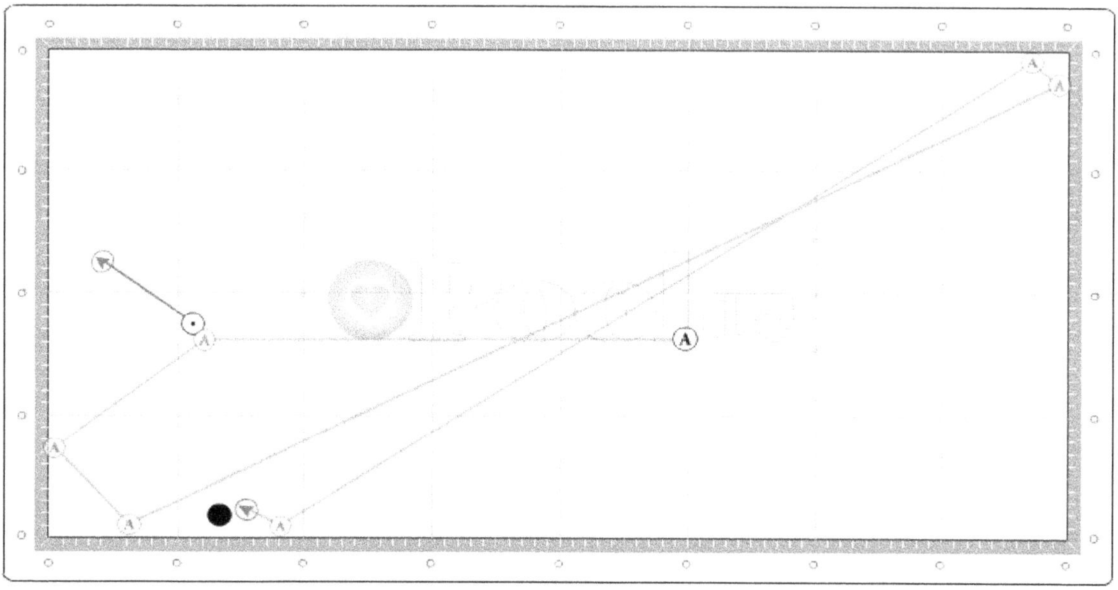

F: Gruppo 2

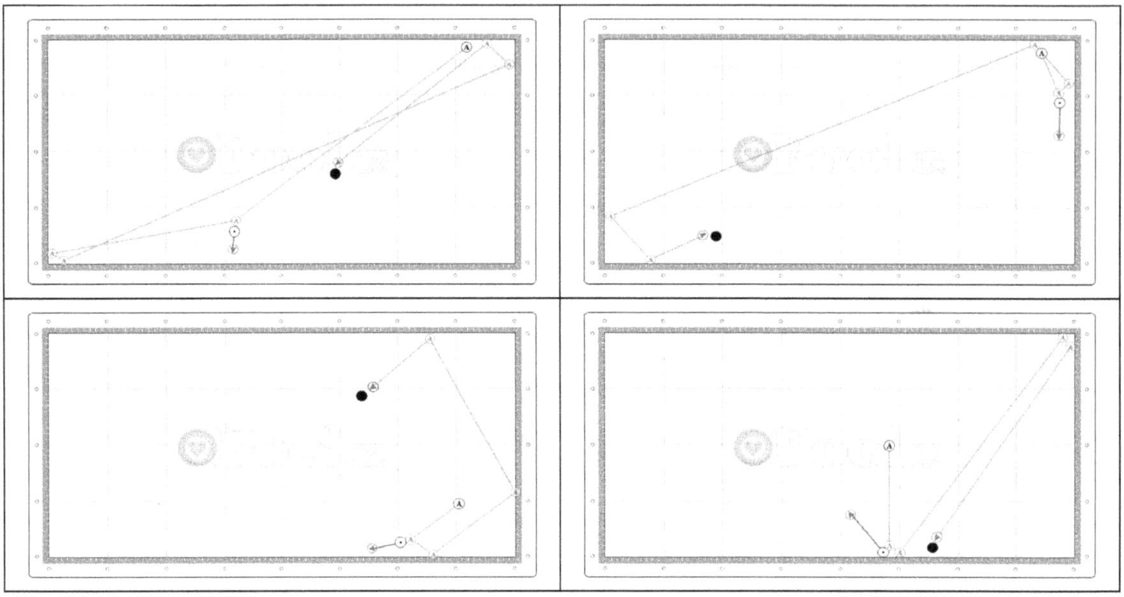

Analisi:

F:2a. ______________________________

F:2b. ______________________________

F:2c. ______________________________

F:2d. ______________________________

F:2a – Setup

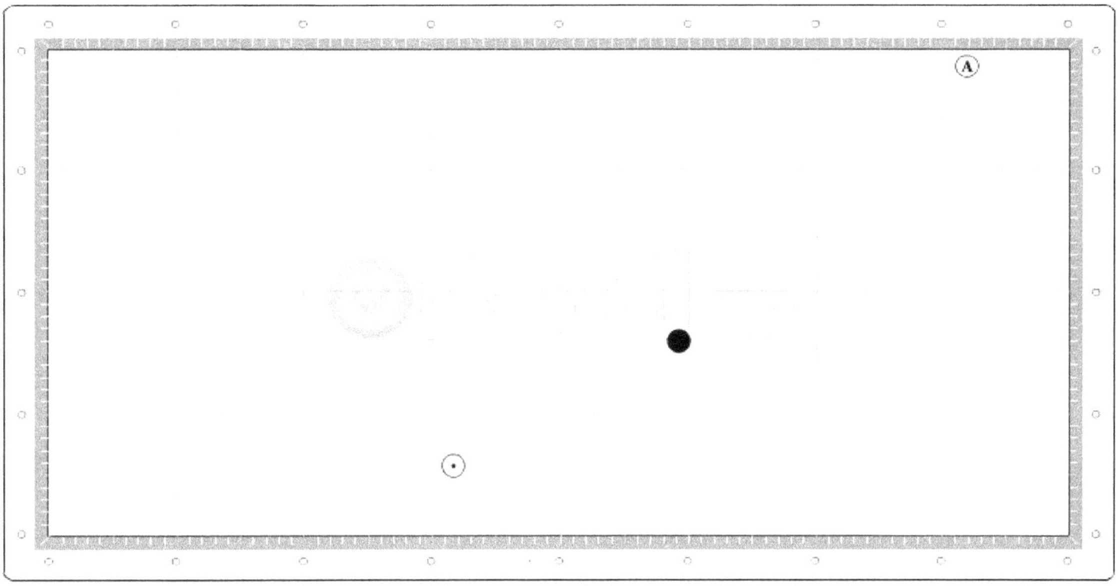

Note e idee:

Modello di colpo

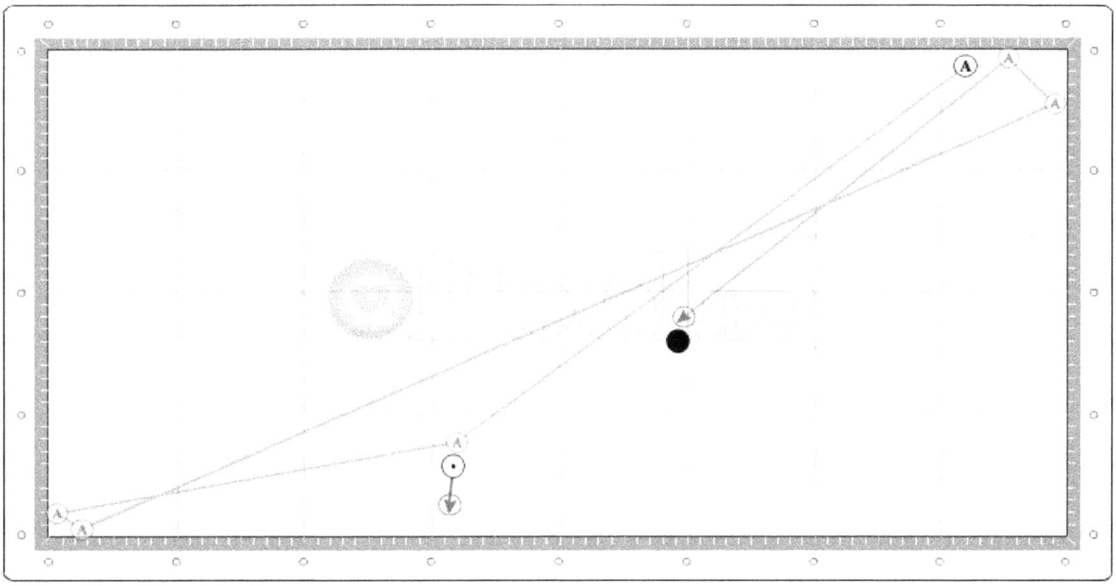

F:2b – Setup

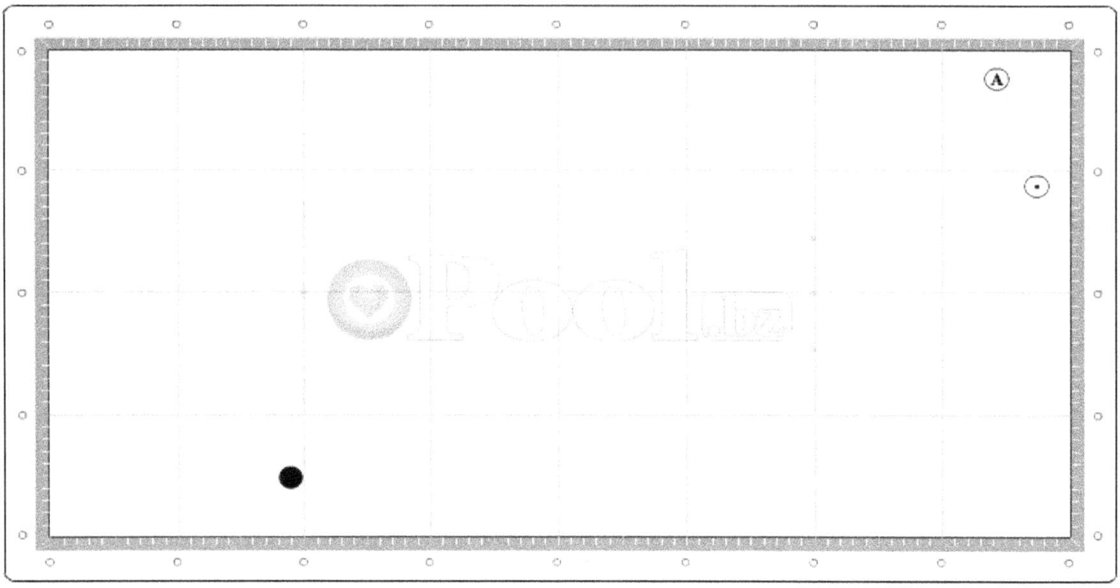

Note e idee:

Modello di colpo

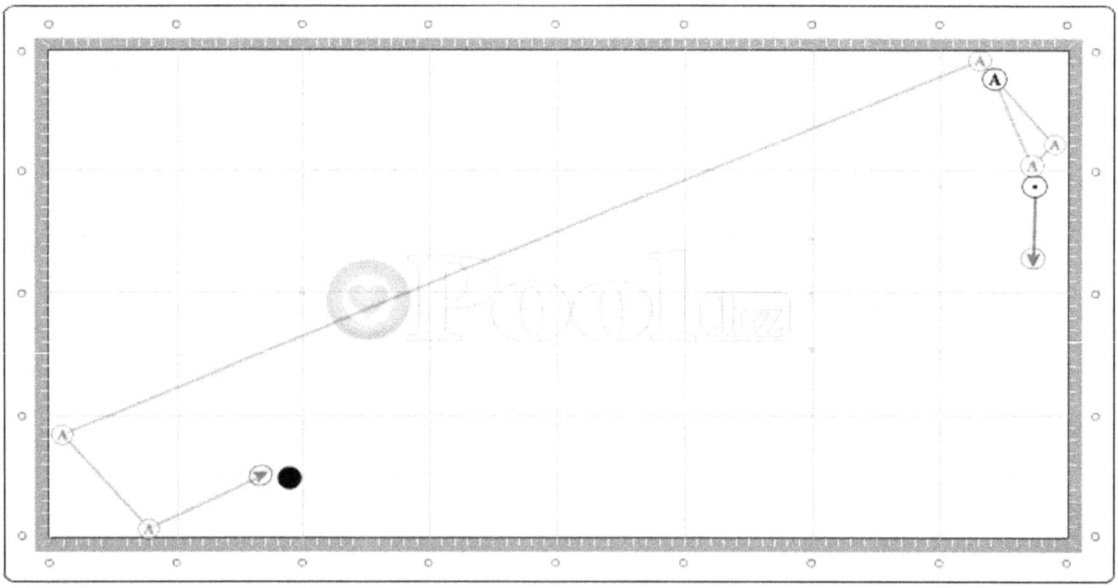

F:2c – Setup

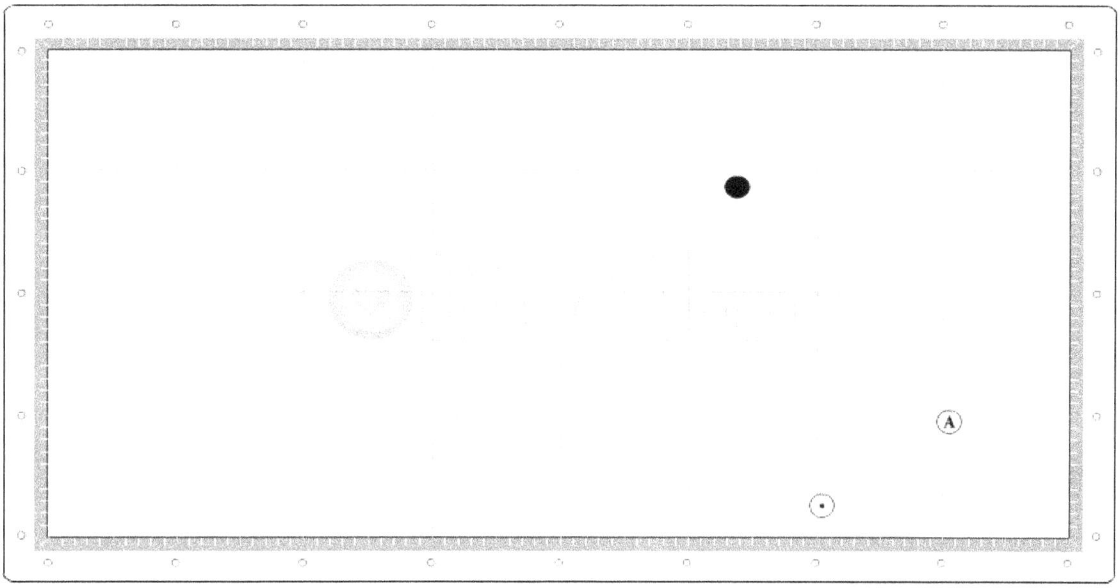

Note e idee:

Modello di colpo

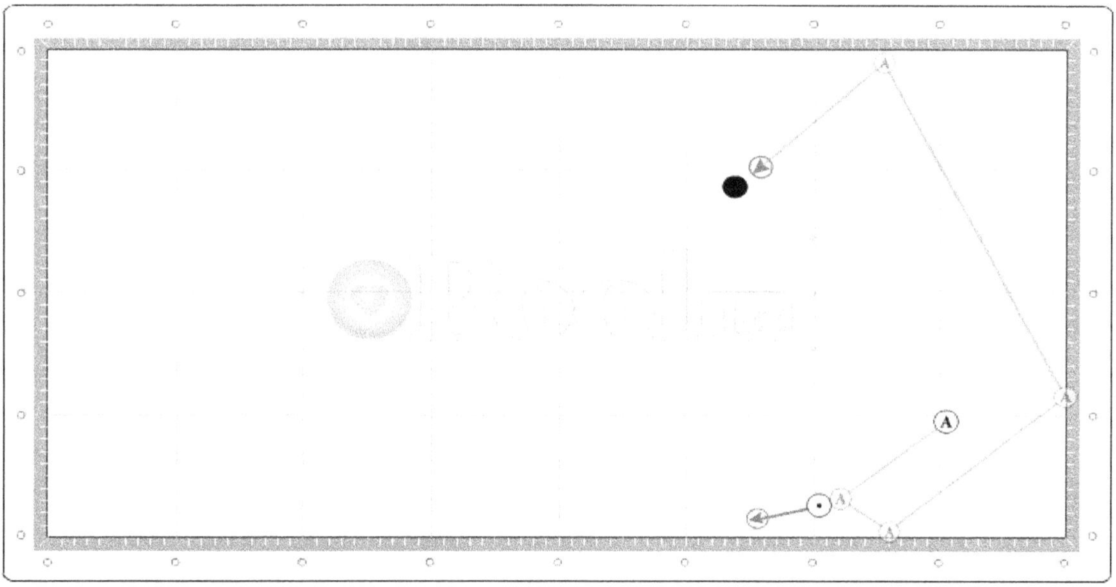

F:2d – Setup

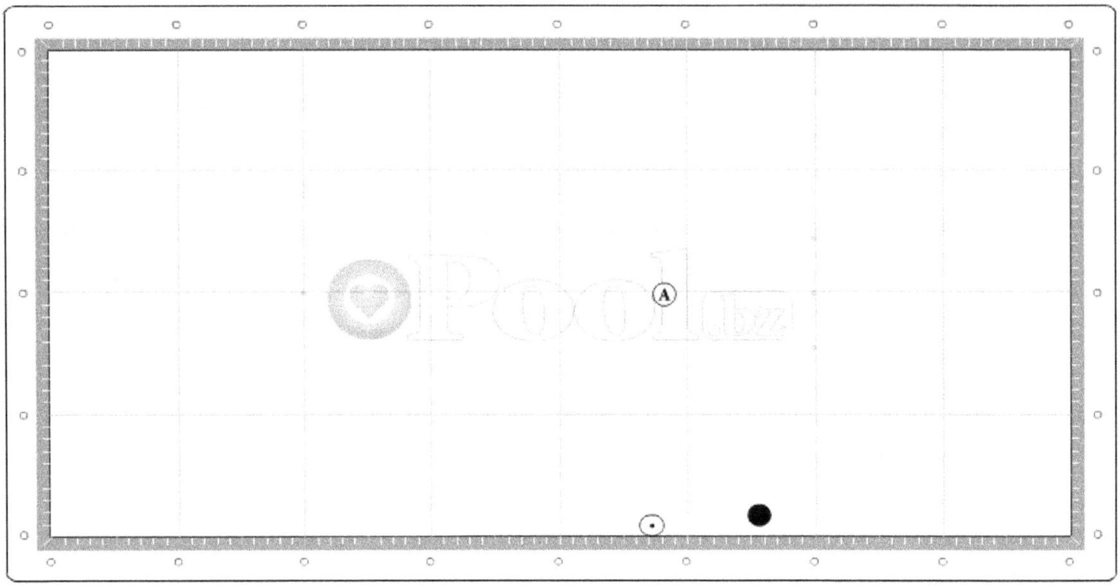

Note e idee:

Modello di colpo

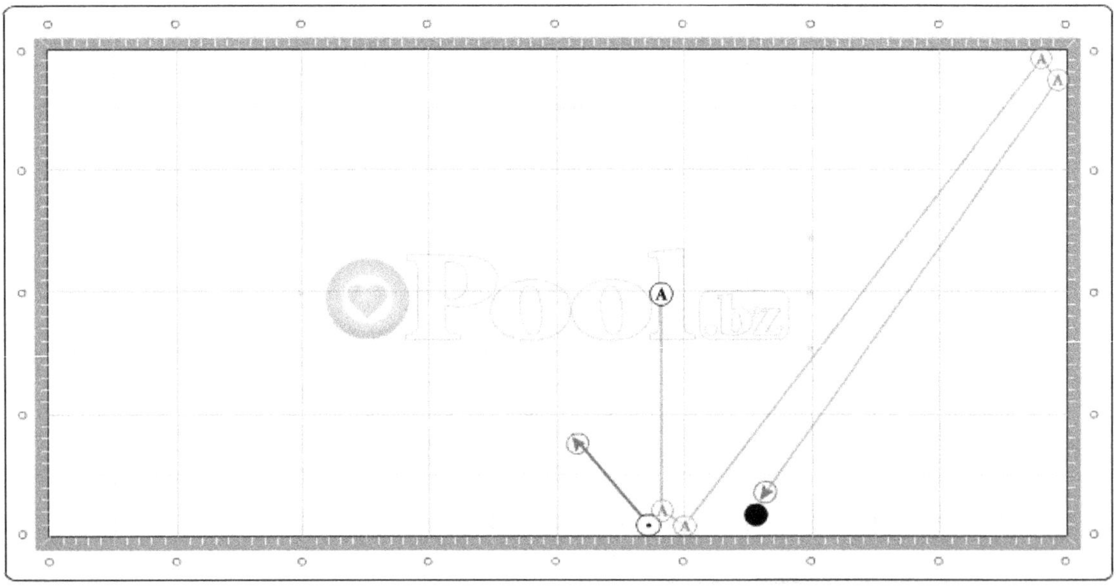

www.ingramcontent.com/pod-product-compliance
Lightning Source LLC
Chambersburg PA
CBHW080924170426
43201CB00016B/2260
* 9 7 8 1 6 2 5 0 5 3 1 1 4 *